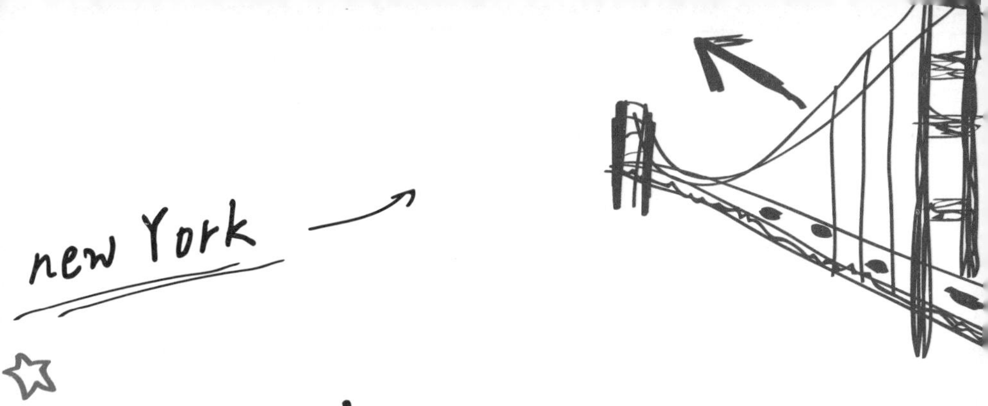

美國人的真正生活

Dr. Phoebe 著

到美國遊留學、工作、生活必看！
從美東到美西，大城市小牙醫的私房觀察

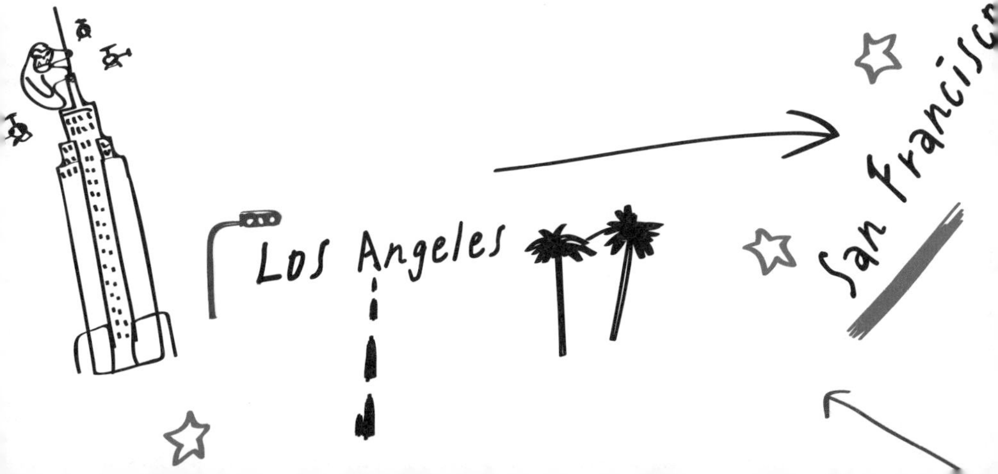

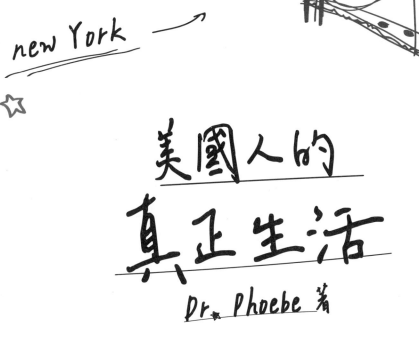

目錄

PART 1
當個真正的美國人

說到吃，就是大還要更大！—006
小費到底怎麼給？—016
和美國人聊天不冷場—023
打探隱私是犯了大忌！—030
美國 vs 臺灣，戀愛觀大不同—035
美國婚禮燒錢燒不完—042
ABC 跟小留學生不一樣？—050
美國老人真好命？—056
歡迎來到美國天龍國——舊金山—062
紐約客的美麗與哀愁—070
星光閃耀 LA LA LAND—077
美國中學，教你懂得生活—086
高中是大學前哨站—093

PART 2
讀書、就業，美國打滾大不易

PART 3
在美國當醫生，和美劇演得不一樣？

條條大道通大學 —099
美國大學的無形價值 —104
沒有「由你玩四年」這回事 —111
你合不合適？面對面看最準！ —117
不只一份工作的雙棲動物 —123
特色公司文化——矽谷工作樂園 —129
新一代的美國夢 —137
在美國生了病？祝你好運！ —146
就醫文化大不同 —152
一個醫師的養成，有時還有醫師娘 —159
CYOA：保護你的屁股 —168
醫療業是服務業？ —174
那些我服侍過的老闆們 —180
後記　聆聽差異，才能真正融入彼此 —190

1

PART

當個真正的美國人

說到吃，就是大還要更大！

「你唯一該吃減肥食物的時刻，
是在等待牛排烹煮的時候。」

——茱莉亞．柴爾德（Julia Child）

如果說食物代表一個文化的味蕾記憶，那麼身為文化大熔爐的美國，其飲食文化可不是三言兩語就能訴說得完。紐約的貝果、西雅圖的海鮮、洛杉磯的酪梨、芝加哥的牛肉……每個區域都有自己的招牌佳餚和飲食特色，認真去探索，就會知道美國食物絕不只有漢堡配薯條這麼簡單。

美國人一天的食物分配

如果要我用一個字來精簡的形容美國食物，絕對只有一個「大」字！即便我也曾遊歷過歐洲各國，還是只有美國餐點的份量大得驚人，普遍是歐洲或亞洲國家的兩倍，難怪美國人的體重通常也居高不下。

美國人的早餐和午餐都會相對簡單一些，晚餐才吃得豐盛。在外面享用早餐，麵包、蛋類加上火腿或培根、搭配馬鈴薯（如薯餅或炒馬鈴薯），配上果汁、牛奶，就是很典型的美式早餐。在家裡吃就更簡單了，喜瑞兒穀片或燕麥加牛奶、馬芬蛋糕，或是優格搭配堅果或水果，早餐就解決了。和臺灣琳瑯滿目的小籠包、蔥油餅、蘿蔔糕等相比，實在有著天壤之別。週末時，美國人也很愛吃早午餐，比如美式鬆餅、法式吐司、各類煎蛋等。

午餐的豐富度也沒有好到哪裡去，有時可能一個三明治或一片披薩配飲料解決，因為工作而忙得沒有時間吃飯的情況也不少，通常都要等到下班後，才能好好跟同事聚餐。因此在下班後的時間，大部分餐廳會推出Happy Hour的酒類促銷活動，讓大家可以和同事聚在一起，點杯酒來罵老闆。在好一點的酒吧調出的一杯酒，價位可和一道主菜的價位不相上下呢。等到黃湯下肚，美國人才願意坐下來好好吃一頓晚餐。

優格、水果搭配馬芬蛋糕、麵包，是美國人最基本的早餐

紐約披薩尺寸驚人，紐約客常買上一大片，就是午餐。

週末睡得晚晚，來份法式吐司早午餐，悠閒放鬆一下。

美國人的餐桌習慣

講到美國人的晚餐，得先了解晚餐的用餐習慣。若和朋友約好到餐廳用餐，一坐下來，服務生會先送上一大杯冰水，而且冰塊越多越好。即便在冷颼颼的紐約冬季或陰冷下雨天也沒有熱茶、熱水，想必中醫師聽到一定大皺眉頭，卻是美國餐廳必備的一大特色。

坐定位後，別急著點菜，服務生會先幫你點飲料或酒類，若是較高級的餐廳，甚至連酒類都會事先替你搭配好。上完飲料後，才會開始點菜。

美國的料理不像東方菜色，一叫就是十幾道混搭著吃，而是循序漸進按照步驟來，前菜、主菜、甜點，一道一道上。前菜包括濃湯、沙拉或一些吃不飽也餓不死的料理，根據我的經驗，越高檔、越假掰的餐廳通常給的前菜份量越少。

前菜吃完後，主菜上桌，通常是牛排、魚排、雞肉等，但即便是同種類的蛋白質，美國人吃的部位也不盡相同。比如雞肉以厚實口感的雞胸肉為上選，臺灣人最愛的雞屁股、雞胗別想叫他們吞下肚；吃魚的話，連一根魚刺也不能出現，許多美國人看到魚頭或魚尾就覺得噁心，從小到大沒吃過整條魚的人也比比皆是；至於大家最愛的牛排則一定要一大塊，以半生不熟的Medium Rare為最佳口感。配菜也不是白飯，而是奶油夾麵包，主食也大多以馬鈴薯為主。

接下來聊聊那甜死人不償命的甜點。如果說亞洲人習慣飯後吃水果，那麼美國人飯後的甜點即為重要的一環，濃郁的布朗尼、杯子蛋糕、冰淇淋甚至水果派，我很少遇到不愛吃甜食的美國人。有句美國俚語說，不論吃得多飽，永遠會多一個胃來裝甜點。和亞洲的甜點相比，美式甜點甜膩許多，糖都像是不要命的加，好處是身為牙醫師的我在美國永遠不用擔心會失業。而為了平衡甜膩感，茶和咖啡也會和甜點一起出現。

這樣一餐吃下來，節奏不快不慢，不像歐洲人一餐得花四個小時，但也不像亞洲人一小時不到就能掃光盤內。而到不同餐廳，感受的氣氛也大不相同。有用電視繞餐廳一圈的運動酒吧，三五好友喜歡聚集在那邊喝酒、邊看球賽；也有賓客都喃喃細語、適合約會的餐廳。不過普遍來說，美式餐廳的燈光一定要微暗、必要時則點起蠟燭來增加情調。

前菜沙拉。

常見的主菜有義大利式
海鮮總匯或大份牛肋
排，相當飽足。

最後一定要來個甜
死人不償命的甜點，
才算畫下完美句點。

不過分鋪張，喜愛在地品牌

美國人吃飯不太有一起共食的習慣，大都是各吃各的，叫五種不同的菜，大家分著吃的狀況也鮮少發生。而臺灣人吃飯時通常習慣多點一些，最好有剩下的食物，吃都吃不完才是待客之道，但美國人則習慣吃得剛剛好，以全部吃完為最佳狀態。

曾有一個臺灣教授告訴我，有次他請美國人來家裡作客，端出山珍海味、各式各樣的菜餚，平日捨不得買的食材統統上桌。換他到美國人家作客時，發現美國人招待的就是平日吃的披薩配沙拉，國情的不同令他大為震驚。亞洲人習慣做足面子讓客人驚豔，美國人卻認為你不是為了吃才去他家，能相聚在一起的時光遠勝於食物本身。

近年來，在美國許多大城市也開始吹起健康飲食風潮，除了有機食物、無基因改造大夯，也建立起在對的季節吃對的食物的觀念，保證食物的新鮮度。食材由當地農場直送的餐廳常常成為當地的熱門餐廳，料理漸漸以獨特性或在地性，取代千篇一律的連鎖企業。

對大部分美國人來說，與其吃在任何一個地方都吃得到的連鎖快餐店，他們更喜歡支持在地人開的 Mom and Pop Shop（家庭式餐廳、私房菜）。即便真的去連鎖店，也會選擇當地的連鎖品牌，像導演李安在拿下小金人的那天晚上，吃的就是美西代表速食品牌 In-N-Out；挑剔的紐約客更是鮮少光顧麥當勞，絕對會選擇替著名的紐約漢堡品牌

Shake Shack 捧場。

不過你問我，這麼多的美國美食吃下來，我最喜歡什麼？我會很老實的告訴你，再高級的美式餐廳、再繁華的異國料理，對我來說，還不及我家巷口前的蚵仔煎配上珍珠奶茶來得美味呢。

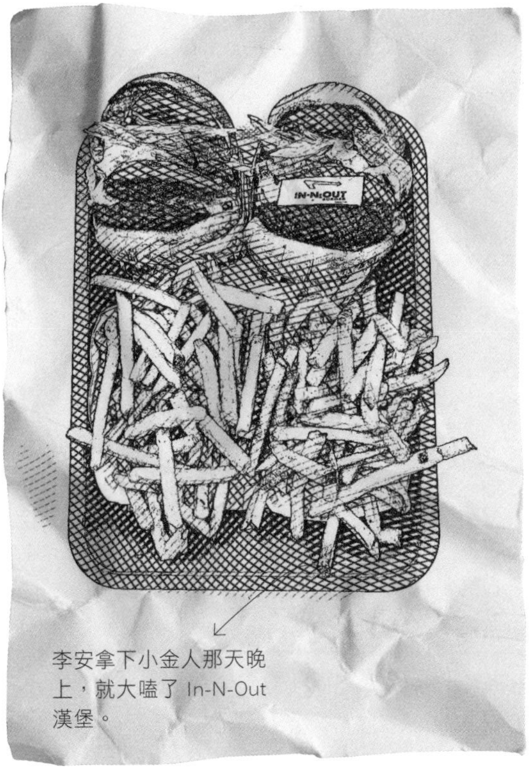

李安拿下小金人那天晚上，就大嗑了 In-N-Out 漢堡。

小費到底怎麼給？

「若要給予真正的服務，你必須加入一些
不能被金錢購買或衡量的元素，
那就是真心和誠意。」

——道格拉斯．亞當斯（Douglas Adams）

根深蒂固的小費文化

老公C從小在美國長大，每次回臺灣，總感覺臺灣堪稱服務業的寶島，服務品質比美國好上十倍不說，還從不要求小費。臺灣免費的服務都做好做滿，反之在美國就算服務再爛，也必須給予小費意思一下，令他大感不公平。但從另一個角度來看，很多臺灣人來到美國，從下飛機的那一刻開始就被小費追著跑，從計程車司機、提行李的小弟、打掃房間的阿姨、酒吧的酒保、餐廳的服務員、清理桌子的侍者……彷彿在美國還沒待上一天，已經花了一大筆錢在付小費，常惹得許多人怨聲載道。

小費其實就是服務費，也是服務人員賺錢溫飽的部分薪資來源。美國許多餐廳都是給予服務生最低薪資，而另一部分的薪水則由客人根據他們的服務直接給予小費，這也變相導致了服務生的低薪文化。根據CNN的報導，美國康乃爾大學曾做過調查，發現四十四％的美國人希望老闆能給予較高薪資，好減少客人必須給予的小費。雖說短期內要翻轉這樣的文化不太容易，但我也曾造訪過舊金山金門公園附近的一家法式餐廳Zazie，不只食物好吃，對服務生待遇也非常好，醫療保險全包不說，更免去額外支付小費，直接把小費收入包含在薪資裡，即使員工不拿小費也不會影響服務品質，我覺得這樣的餐廳規定真是走在時代尖端，暗自決定以後一定要再回去支持。

小費到底該給多少？

為了讓大家訪美時不產生怨懟的心情，壞了遊興，各種小費趴數到底該如何衡量？其實可以掌握一些固定準則。首先，出門在外遇到酒吧的酒保、點菜的服務生、泊車的小弟，統統都要給小費。

通常在餐廳裡，加稅前的帳單金額的十五到二十五％是普通給予小費的範圍。我通常會在午餐時段給十五到二十％，晚餐則給二十到二十五％，在酒吧則給酒錢的十到十五％。若是早上點外帶咖啡、在快餐店的點餐車道或臨櫃點餐，這些沒有服務生到桌邊幫你點菜的情況，則不需要給小費。

飯店裡，幫你提行李的服務生、打掃房間的阿姨、幫助你臨時搞定迪士尼門票的櫃臺人員，也都必須給予小費表示謝意，價位為三到五美元，視旅館等級而定。

若在美國搭計程車，往往也必須給車資的十到十五％做為小費，在紐約的計程車更別忘了給，有些司機給少了還會罵人，充分展現紐約客精神。其他像是當地團的導遊和司機、機場接送司機，只要他們讓你覺得態度好，也可以給予小費。其他的服務業包括按摩師傅、理髮師、美容師、擦鞋小弟都必須給予小費，約為消費金額的十五到二十％。

看到這裡已經頭昏眼花了嗎？其實就連美國人可能也算不清楚到底該給多少，所以有人開發了計算小費的APP，如Tip Calculator % Free或Tip Calculator & Tipping Guide，根據不同種類的服務，告訴你該給多少小費。

給予小費的方式也很多元。在餐廳用餐完、收到帳單時，可以直接算好小費，連同原本的帳單金額一起遞給服務生。這時服務生會問你需不需要找零，如果你說不用，服務生也就心照不宣，知道其他多餘的金額是他的小費。如果需要找零，可以另外把小費留在桌上。若用信用卡結帳，大部分會有填寫小費的空位，直接簽字就好。

餐廳以外的服務人員如幫忙提行李或泊車的小弟，直接給現金。現在很多店家流行在收銀臺放一個小費罐子（Tip Jar），用來犒賞用心和你聊天或幫忙選購甜點的櫃檯人員。

服務品質決定小費多寡

說了這麼多給小費的準則，還是要提醒大家：小費自始至終都應該是自發性的給予，除非事先告知，不然沒人能規定或強迫你該付多少小費，全看你的「奇摩子」。到餐廳用餐，吃的不只是菜色，也講究享受服務的過程。因此從點餐開始，服務生應該介紹菜色、精心挑選最適合你的餐點。我通常會問服務生哪些是最熱門的或必點的招牌菜，大部分服務生都能做出非常好的推薦，若答不出來就是沒做好功課，可能就要扣

美國餐廳的侍者起
薪低，需靠客人支
付額外小費才有穩
定收入。

舉凡所有為你服務
的人，如酒吧的酒
保也需付小費。

有些店家會在收銀臺放
一個小費罐 Tip Jar。

點分了；前面提到在美國餐廳會免費給一杯冰水，好的服務生會一直主動把冰水加滿；上菜後，服務生也會回來確認你是否對今天的餐點滿意，全程以客為尊，有時還會問你從哪裡來，今天去了哪裡，這些都是好服務的指標。除此之外，若有兒童隨行，打翻水或食物弄得一地髒亂，我也會給比較多小費表示歉意，畢竟這都是服務生必須額外處理的事。

如果在中國城吃飲茶，上菜盤子用丟的，大娘老是一張苦瓜臉，點菜都用吼的，請不用感到意外，畢竟來到華人區，大家也知道來這裡是吃鄉愁而非享受服務，給最低的十%也就心照不宣了。如果對服務不甚滿意而決定不給任何小費，可要有心理準備餐廳經理會追出來問明緣由。但我相信只要你的原因合理，他們也會理解。不過這算是變相的打服務生一巴掌，所以請留到一發不可收拾、最糟最慘的情況才使用，比如當服務生醉醺醺的來上班，打翻一整瓶紅酒在你衣服上時。

最後，把給小費當作美國的風土民情之一，千萬別因此壞了你的心情。回臺灣後，對那些服務至上又從沒跟你收過一分錢、巷口賣牛肉麵的阿嬤，說一聲真摯的謝謝吧！

和美國人聊天不冷場

「良善的人從心中所存的良善發出良善，

邪惡的人從心中所存的邪惡發出邪惡；

因為心中所充滿的，口裡就說出來。」

——《路加福音》6:45

美國人真的很愛跟人聊天，無論是派對上的帥哥、想要搭訕的辣妹、坐隔壁的同學、第一次見面的表妹……只要聽力不差，勇於大方發聲，融入美國人社交圈的第一步便是克服尷尬，從聊天開始。

記得先問好，天氣很好聊

在美國與人見了面，先禮貌的問好絕對沒錯。像在臺灣一進早餐店，劈頭就跟老闆娘說：「老闆娘，我要蘿蔔糕加蛋和一個大冰奶。」對美國人來說是非常不禮貌的行為。小時候在英語課本裡學到的 how are you doing，隨興版本的 how's it going、西岸版本的 what's up 等，無論選哪一個開場白，都一定要問好。

問好只是一種制式的問候，大家也不是真的想知道你最近剛跟女朋友分手很賭爛又厭世、或愛上不該愛的人整日茶不思飯不想，所以通常對方也會回 fine、good、not bad 等肯定的答案，若對方回答 so-so、hanging in there，可能表示最近心情比較負面。但真的沒人想知道你到底好不好，不用太認真作答，如果忽然跟他掏心掏肺，反而會把人嚇壞，覺得你是怪胎。

你好我好大家好之後，接著來到閒聊階段，通常最安全的話題大概是天氣。雖說美國大部分的工作都不靠天吃飯，但大家都很愛聊天氣。只要遇到下雪、下雨就唉聲嘆氣，晴空萬里都無比開心，幾乎每個人都喜歡針對天氣聊上一兩句。臺灣雖然天氣變化也很大，卻似乎沒有很熱衷這個話題，可能是在美國生活，很容易被天氣影響作息，只要外面颳風下雨就不想去看醫生，尤其在洛杉磯，飄個小雨交通絕對大塞車。

聊週末計畫，了解對方興趣

美國有很重要的三大國定假日：感恩節、聖誕節和新年，在這三大節日裡，家庭通常會團圓在一起，朋友也會聚餐。所以臨近節日時，挑起節日是否有特殊安排或計畫的話題，通常會得到善意回應，畢竟誰不愛聊假期計畫呢？哪怕只是在沙發上看影集耍廢，也好過上班看老闆的臭臉。

騎腳踏車是美國人熱愛的週末休閒之一。

美國人和臺灣人一樣大多是週休二日，不過在大城市，週休二日不一定是休六日，也可能是固定休二四或一三，全看班表制定。美國人非常在乎工作與生活的平衡，重視下班後的生活品質，因此週休就是工作之餘的小確幸，除了華爾街或醫生值班、某些特別操的公司，大多數人假日都會精心安排，舉凡帶寵物去爬山、上健身房、公園騎腳踏車、打牙祭、小酌兩杯……只要問起平日的休閒嗜好，他們都很願意侃侃而談。藉此打聽出對方的嗜好和興趣，進而延伸更多聊天話題。

支持同個球隊，立刻變麻吉

美國人對運動也不是普通的著迷！其程度和臺灣人對選舉的政治狂熱大概有過之而無不及。在美國，無論籃球、美式足球或棒球都相當興盛，一年四季都有各種球類賽事，還有在臺灣較不熱門的高爾夫球或網球比賽。大家可以有不同的宗教信仰、甚至不同的政治立場，但只要支持同一球隊，絕對立馬從陌生人變麻吉！

在五花八門的運動賽事中，美國人最為之瘋狂的當屬美式足球了，從秋季開打一直到二月的「超級盃（Super Bowl）」，不同隊伍之間的捉對廝殺都會引起強烈的關注和討論，甚至還會開賭盤小賭兩把。即便平時沒有在看球類運動的人，超級盃開打那天還是會聚在某個親戚朋友家吃炸雞、披薩和洋芋片（看球賽搭配的定番食物就是越油膩越好，養生、卡路里統統閃邊去），感受全民瘋狂的熱鬧氣氛。

看超級盃要為哪隊加油呢？這對美國人來說可不是一個單純的問題，並非光看你住在哪一個州就替誰加油這麼簡單，而是必須追溯到很久遠的歷史淵源。例如：「小豬隊和小羊隊在爭奪超級盃的寶座，雖說這兩隊都不屬於我現在所住的城市，但小豬隊在二十年前曾把我家鄉的球隊打敗，害我們不能晉級，所以我要支持小羊隊！」這理由夠複雜牽扯了吧！所以想更融入美國人的運動喜好，最好還得熟知近幾年的美式足球史，包括各個球隊的明星球員，或者他們在哪一年因為傳了哪一球而打敗哪一隊等鉅細靡遺的歷史，夠你們津津有味得聊上三天三夜了。

聊新聞政治要小心

美國雖是一個國家，但每個地區都有屬於自己的文化跟關心的議題，只要在這裡待一段時間，關注地方時事後，就會慢慢摸索出頭緒。有次我和老公C去爬山，爬了幾個小時後來到優勝美地的瀑布頂端，看到一群登山客正在休息，一邊讚嘆這裡好漂亮，一邊說腿好酸、給我吃個餅乾不然我快餓扁了，這種不耗費腦細胞的話題。不過其中卻有三個來自紐約曼哈頓的大男孩，面對壯麗的大山大水，居然在熱烈討論股市動態和資金流動的問題。

我在不同的工作地點也會「因地制宜」，和洛杉磯病患就聊某個明星的八卦；在舊金山就和病患聊正夯的有機餐廳或創業等話題。至於敏感的政治問題，就要提前做點功課了。在洛杉磯，如果你高喊「川普萬歲」，一定會被當眾白眼，反倒是消遣或痛批當今總統，往往可以很快跟當地人搭起友誼的橋樑。

紐約拿下超級盃冠軍那年，我的紐約朋友們開心的舉辦慶祝派對。

想不到話題？靜靜聽吧！

其實和美國人相處也和世界上其他任何文化一樣，聊得來最主要的原因並不是你唱秋了多少自己的豐功偉業，而是花了多少心力在聆聽對方。有些人活在自己的獨角戲裡，名義上是和你交談，但根本沒在聽對方說話，只是自顧自的講自己想講的話。

想真正認識對方，一味吹噓自己遠不及向他人提問來得有用。如果你是真心對他人感興趣，自然可以找到切入點開啟話題，像是衣著打扮、在郵局等了將近一小時的經驗、或他的寵物如何可愛到爆炸等。真不幸碰到少數尷尬冷場王，怎麼都聊不開，應該純屬少數，大部分我遇到的人，十之八九都會友善的回應，就看你願不願意跨出第一步了。

寫到這裡才發現，這些聊天題材也很適合第一次約會使用，歡迎各位舉一反三，多加利用喔。

寵物對美國人來說就像小孩一樣重要，也是絕對適合攀談的話題。（圖／#willowmini goldendoodle 提供）

打探隱私
是犯了大忌！

「別人如何想你，真的一點也不關你的事。」

——瑪莎．葛萊姆（Martha Graham）

美國人開朗隨和，喜歡和他人交流，即便只是在超市排隊、站牌前等公車、甚至在登機室，都很容易遇到主動攀談的人，聊一些有的沒的五四三。不過，和美國人聊天也是有禁忌的。除了敏感的政治宗教話題，另外一個亞洲人比較容易忽略、對美國人卻是大忌的，當屬隱私問題了。

私人問題連爸媽都不過問

仔細聽聽美國人的聊天內容，剖析一下，就會發現有非常明顯的界限，聊的話題總圍繞著天氣、寵物、吃喝或其他無關痛癢的話題。你甚至會覺得，和這個人都聊了半個多小時了，卻像打棉花一樣，還是不太了解這個人的底細。最主要的原因是美國人看似什麼話題都可以聊，若碰到私事或隱私，就半點都不能沾，像是交友狀態、性向、薪水等，在美國都屬禁忌話題，除非對方主動分享，否則其他人無權過問。

對照人情味濃厚的寶島，聊天喜歡一根腸子通肛門，就算第一次見面，甚至搭個捷運也可以不避諱問起最直接的問題：你幾歲？結婚沒？沒結婚的問有沒有男女朋友？有結婚的問有沒有小孩？為何只生一胎？住哪裡？薪水多少……這些問題對亞洲人來說只是平常的噓寒問暖，但多少帶著些人情壓力和社會期待，彷彿必須符合普世的標準或得到他人認同才能過關，更別提一年三節訪鄉探親時諸親友的關切了。

我的朋友琪拉是剛從美國搬回臺灣的家庭主婦，帶著三個小孩，老公常常在外打拚。因為住得離公婆家很近，每天晚上會帶三個小孩回婆家吃晚飯。久而久之，就開始接到鄰居大嬸們的關心，問她為什麼身邊都沒有老公陪？老公一個月賺多少？她住這裡是買還是租？多少錢？為什麼都不自己煮飯？搞得琪拉只想轟回去一句「干你屁事」。

而美國文化重視個人主義，為自己而活才是最重要的事，因此也極其保護個人隱私和選擇，很多時候，上述的私人問題連父母或親朋好友都不見得知曉，更何況是完全不熟的陌生人。反之臺灣文化注重的是以群體為主軸，包括家庭和社會的關係，大家習慣為他人而活，覺得這樣的問話是表達關心的一種，也十分理所當然。

任何人的隱私均不可侵犯

除了日常生活，美國的醫療體系更注重病患隱私。「健康保險可攜與責任法」（HIPAA）就是醫療體系裡常見的一個規範，簡單來說就是對病患隱私保護的相關法規：除非是病患的主治醫師或相關護理人員，不然沒有人有權利過問、翻閱、甚至查找病歷，若是觸犯，醫療人員不但可能丟了工作，連罰款金額都高達五萬美元。

十年多前，知名歌手小甜甜布蘭妮在洛杉磯加大（UCLA）醫院的聖塔莫妮卡（Santa Monica）院區生產，當時我正在該家醫院擔任志工。布蘭妮生產的消息在媒體上鬧得沸沸揚揚，我年輕不懂事又好奇心旺盛，就問了當天值班的護理師，媒體所言真假，沒想到被她大聲斥責，不是我們直屬的病患，不該議論他人的隱私，哪怕是天王巨星、總統高官等公眾人物都一樣。幾年後，布蘭妮因為精神狀況再次住院，甚至有幾位不相關的護理人員和醫生因為翻閱了布蘭妮的病歷而被UCLA開除。

醫療隱私延伸到連和病患談論病情時，都必須在完全隔離的情況下進行。就算是病患家屬也一樣，除非病患允許，不然一個字也不能說，也嚴禁病患的工作單位因病患身上帶有任何疾病而開除或降薪。

我在紐約大學（NYU）牙醫學院時，有一次不慎被病患帶有感染性疾病的針管扎到手指，必須立刻抽血確認是否有感染跡象。當時我被帶往一個小小暗暗的房間，只有一盞微弱燈光，護理師非常溫柔的問我對這種感染性疾病是否有任何疑問，並小心翼翼的告知我目前為陰性反應，但過陣子還是要回診。我心想，只不過是一個檢查報告，有必要搞得像是要告訴我國家機密嗎？

同樣場景搬回臺灣，我在臺灣某間醫院就診時，還沒看到我的主治醫師前，就先有一位住院醫師過來蒐集我的病歷，帶我到診間詢問我有關腸胃的各種問題。同一間房間裡，有兩、三位醫師在旁邊打報告，有另一位病患在角落接受治療。我一邊環顧房內狀況，一邊聽醫師問我的大便顏色長度跟軟硬度，搞得我必須和全診間的人分享我的排泄物構造，真是生平第一次這麼自由奔放的分享如此私密的資訊。

我曾和從醫多年的內科醫師友人傑克聊起這個話題，他非常瀟灑直白的下了最好註腳：「在美國，保護病患隱私的定義就是除了**病患本人**，他的病情誰都不能講，除非病患同意；在臺灣，保護病患隱私的定義就是除了**病患的家人、友人**（以下請自行放入三百六十五位親戚名稱），病患的病情絕對不能跟病患本人講，除非家人同意。如果你敢隨便跟病患講他快死了，下一個被告的就是你。」

聽完他這一席話我才明白，在美國，隱私是屬於你自己的。而在臺灣，隱私是必須和他人分享的。

美國 vs 臺灣，戀愛觀大不同

「愛是我唯一的祕密，讓人心碎卻又著迷，

無論是用什麼言語，只會思念你。」

——莫文蔚〈愛情〉

不只一位臺灣女生聽聞我嫁給一個ＡＢＣ老公後，都用極其稱羨的口吻對我說：「哇！美國男生是不是都體貼又溫柔？」「他一定超級浪漫吧！」我都不好意思說，其實美國男生也是人，有浪漫文青也有呆頭鵝、有體貼紳士也有自私渣男。想當年姐在青春無敵的年代時（捻痣毛），曾信誓旦旦的說打死也不嫁ＡＢＣ。對我來說，ＡＢＣ這種外黃內白的「香蕉人」，很難跟他們有任何共鳴，對我來說一點吸引力也沒有。我希望找一個會陪我看周星馳電影、逛夜市喝珍奶、手牽手吃小吃，有文化共鳴的男人。

後來當然是自打臉打到瘀青，嫁給一位ＡＢＣ，中文聽不太懂，筷子不會拿，看不懂周星馳，吃的口味也非常西式的正港香蕉人。這故事給我們一個啟示：做人千萬不要太鐵齒，你打死說不嫁的人，上帝就會想辦法讓你嫁給他。所以想嫁入豪門的女孩們，趕快許願嫁個窮小子吧！

但也藉由和老公交往、結婚的過程，讓我認識一個不同文化的愛情觀。有人說美國男生大都溫柔又體貼，幫你開車門又幫你夾菜。其實我認為，臺灣男生並不比美國男生遜色，只不過表達愛的方式截然不同，請聽我這不負責任的小小分析。

約會不代表交往

美國人對約會的定義很寬，而臺灣人面對感情較保守，習慣先觀察另一半許久，默默抱持好感一段時日後，才會下定決心鼓起勇氣表白，若表白成功，通常就直接晉升交往階段。和美國人交往時，反倒很多時候手牽了嘴親了床單也滾了，甚至連父母家人好友都見過面也吃過飯了，若你忍不住問：「我們現在是什麼關係？」也可能還得不到「是男女朋友」的肯定答案。更別提在這網路和ＡＰＰ交友盛行的世代，很多時候在即將和Ａ見面的前半個小時，還會順便回覆Ｂ的曖昧簡訊，再發簡訊給剛剛在ＡＰＰ上認識、身材火辣的Ｃ。

在美國，約會見面次數或交往的時間長度，並不代表對感情的穩定狀態認知或專一程度。在雙方都沒有定義這段關係為「認定彼此（exclusive）」或「認真交往（serious）」前，彼此都有繼續同時和他人約會的權利。如何讓喜歡的對象願意從「自由約會（casual）」走入「認定彼此」，不僅是經典影集《慾望城市》的核心劇情，也是萬千單身男女歷久不衰的課題。

而在我看來，通常兩人會在這問題卡關，倒是臺美文化一致，就是——他／她其實沒那麼喜歡你。

尊重女生意願

與許多臺灣女生聊天，發現她們對愛情的夢想，撇開不切實際的嫁入豪門不談，大都是嫁一個好人，最好有房有車，不要跟公婆住太近，婚後可以依靠老公、不用上班，相夫教子過一輩子。反過來說，大部分臺灣男生往往也認為養家是自己的責任，除非剛好碰到一個有事業心的女強人老婆。而願意婚後辭職、專心打理家務，好好「做人」的女生，也是長輩圈中最搶手的，就如同自古以來「娶妻娶德」一說，最好溫良恭儉讓，宜室宜家，乖巧聽話，而且不太有主張。

但我必須很坦白的說，這類女生換到美國主流社會，並不是美國男生交往或結婚的第一人選。我問過身邊的男性友人，希望找什麼樣的女生共度一生，得到很多種答案：能讓他笑有幽默感、有同樣宗教信仰價值觀、個性合得來等，但在談及女生的工作時，都非常直接、一致的告訴我，希望未來的另一半有獨立的事業和夢想，並且知道未來的人生道路上，自己想要做什麼。

在美國，從小就渴望當家庭主婦的女生也大有人在，但這類居家型女生不但很少數，甚至不是情場上最受歡迎的類型。而且美國與亞洲文化最大的差異在於沒有「嫁娶」的觀念，結婚不代表必須全盤接收男方家中一切瑣碎的事務，更沒義務全權打理家事，或攬下男方父母的供養之責。除非懷孕生子後，女方主動為自己和孩子放棄工作，否則大部分女性在婚後還是會盡量保有自己的事業。

雜事一起做、開銷一起出

這個時代出國旅遊、留學已不是新鮮事，流行文化也或多或少受好萊塢電影影響，與外國人談戀愛的異國戀趨勢逐漸攀升，臺灣男生對外國男生多少有些眼紅吃醋的味道，總覺得隨便一個美國的魯蛇都會被女生捧上天。其實這也不是臺灣男生的錯，而是文化差異的關係，導致於在情場上美國男生真的比臺灣男生吃香。

例如許多臺灣男生多少還抱有「君子遠庖廚」的概念，下班後蹺腳摳鼻、等女生把菜煮好端到面前。甚至有不少男生一輩子都住在家裡，家務事都有老媽處理妥當，一把年紀了還不會主動做家事；相反的，美國男生從小就被訓練必須獨立生活，很多人十八歲後就被踢出家門，得想辦法養活自己，做飯、洗衣、吸塵、拖地等家事通常都難不倒他們。

而且美國人非常注重溝通，喜歡把所有事情都攤開來講，一點點小小的感受也必須分享。而亞洲文化相對較內斂，很多事情都喜歡心照不宣，一切盡在不言中。這體現在感情上，外放的美國男生的確更容易讓女生心動。

不過，我也是後來才慢慢發現，臺灣男生其實不如外表看起來的那般不在乎或沒心思，他們或許不會情話綿綿、幫妳打掃，可「扛起家計是男生的責任」以及「娶妳就願意為你負責」的概念就是臺灣男生的特性，也是他們表達愛的方式。我認識不少臺灣男生婚後直接就將薪水交給女生，專心在外打拚，家裡的事情當然就交給女生打理。相反的，美國男生或許會幫忙做家務，甚至幫妳煮飯、一起處理生活上的大小雜事，但是他們鮮少有「結婚後我會養妳」的概念，也不一定認定所有開支都該由男方負責，反倒希望「雜事一起做、開銷一起出」。

單純的愛最可貴

到底和哪國人談戀愛最幸福？我覺得根本沒有正確答案，因為我心目中第一次見證愛情的模樣，來自於我父母的婚姻。我爸爸大概是最不會甜言蜜語的男人，他愛我母親的方式就是拚命賺錢，只為給她打造一個溫暖的家，讓她無後顧之憂的帶小孩。我父親不常做家事，而且這輩子還真沒聽他對母親說過「我愛你」。可是他對媽媽的愛卻在舉手投足間表露無疑，看她的眼神到今日還是會讓我覺得自己是個電燈泡，兩人之間永遠有說不完的話題，即便再小的事也爭先恐後的要和對方分享。當我母親生病的期間，甚至差點為了照顧她而放棄整個事業。這是一段沒有美式愛情因子，卻浪漫到無可救藥的愛情連續劇。

其實，不用稱羨別的國家的愛情文化，愛情的表達方式百百種，只要有心表達，不管是內斂還是狂放，你一定會透過他的方式明白，他單純愛你的心意。

虎媽與家父的愛情，
讓我深深感動。

美國婚禮燒錢燒不完

「能夠愛與被愛，就足夠了，別奢求更多。」

——維克多．雨果（Victor Hugo）

單膝跪下，鑽戒高舉，開口問「妳願不願意嫁給我」，偶像劇常見的戲碼，實則是發生在美國各地的日常。進行一個「向女友求婚」的動作，不只是多金暖男才有的特例，而是美國男人婚前必做事項，若不悉心安排一個浪漫、充滿驚喜的求婚儀式，就會被定位為不用心的傢伙。但女孩也別太得意，根據美國文化中不成文的規定，男生的義務基本上就到求婚（等同於訂下婚約）為止，接下來的婚禮大小細節和費用等，統統會交由準新娘籌畫。臺灣的習俗是男方負責婚禮、禮金禮品，女方負責訂婚；在美國卻剛好相反。早期的華人社會常聽到「生女兒等於生了一個賠錢貨」的說法，其實若在美國舉辦婚禮，可能比臺灣還更符合這個說法。

美國婚禮貴山山

美國婚禮沒有大聘小聘，儀式相對簡單，只要新人當著牧師或見證人的面交換誓詞，許諾生老病死都緊緊相依，互訴「我願意」後便禮成奏樂。宴席也不用請不熟的政治人物站臺，而是請伴娘伴郎或知心好友致詞，與賓客分享新人的糗事和趣事。

美國婚禮氣氛溫馨、簡單隆重，但辦起來可一點也不便宜。根據婚禮網站「the knot」的資料顯示，在美國辦一場婚禮平均要價三萬五千美元（約臺幣一〇六萬元），而且價碼有逐年攀升的趨勢。如果辦在物價、房價都頗貴的加州，三、四萬美元（約臺幣九十到一百二十萬元）只能得到一個有點寒酸的婚禮，可能直接在住家後院擺張桌子，塑膠餐盤加塑膠杯，買好市多的食物來宴客。若要找家飯店坐下來好好吃頓飯的婚禮，幾乎都是六、七萬美元（約臺幣一百八到兩百一十萬元）起跳。因此為了辦一場夢想中的婚禮而去向銀行借貸、分期償還的大有人在。

想當然耳，只要和婚禮沾上邊的任何產業統統都雞犬升天，新人也會乖乖買單。美國的婚宴菜色通常只有前菜沙拉、主菜外加甜點，平常在高級飯店裡享用三道式料理，五十到六十美元（約臺幣一千五到一千八百元）已經綽綽有餘，但只要冠上「婚禮」二字，價格絕對是一百二到一百五十美元（約臺幣三千六到四千六百元）起跳，而且場地費通常已占走開銷的一半，在燈光美氣氛佳的餐廳內，想吃飽很難，和臺灣十道菜山珍海味全包的豐富菜色完全不能比。

結婚照喜歡故事自然風

美國人拍婚紗照與臺灣新娘一定要瞳孔放大片、頭髮吹得老硬，拍完後大力修片那種大費周章的隆重婚紗照風格不同，在美國拍婚紗相對隨興，新人只會準備一到兩套像樣

我與老公 C 的訂婚
照拍攝地點，就是
在大蘋果交往的各
個角落。

的衣服到選擇的地點拍攝，通常都會選對新人有意義的地方，如第一次約會的公園、第一次吃飯的餐廳，求婚的地點等。我和老公C的訂婚照則選擇在紐約的各大地標，做為我們在這個大蘋果交往、訂婚的紀念，現在回頭看照片，也會勾起許多故事。

而婚禮當天的攝影對美國人來說更為重要，畢竟是親友齊聚送上祝福的珍貴時刻，美國婚攝不是只幫忙拍攝新人和親友輪番坐在椅子上面大合照而已，會紀錄婚戒、婚紗、婚禮場景等各個細節，近年來更流行說故事的呈現手法，新人擺pose微笑或在紅毯上熱吻不再是婚攝的唯一焦點，而是捕捉在婚禮中發生的各種有趣畫面，像是偷挖鼻孔的花童、賓客熱歌勁舞的空拍照、好姐妹致詞時熱淚盈眶的模樣等，拚湊出充滿故事性的可貴回憶。如此說來，選擇好的婚禮攝影比好的婚紗照攝影重要太多，熱門的婚禮攝影師檔期可能半年前就會被訂走，價格自然也不斐，兩千美元（約臺幣六萬元）起跳為陽春款，豪華款則至少五千美元（約臺幣十五萬元）起跳。

新人才是主角

臺灣婚禮習俗繁多，有時辦到最後都會覺得婚禮是以家人為主，但在美國，婚禮主角絕對是繞著新人打轉。首先，營造出一個色調和諧的婚禮，是稱職的美國新娘的職責，不同於臺灣婚禮大都以大紅、金色、粉色為主色調，美國婚宴布置並沒有限定顏色，而是新娘挑選最愛的一到兩個顏色做為主色，上至伴娘服，下至桌椅、甚至捧花、蛋糕擺飾，都會以主色調精心搭配。當天穿的婚紗也沒有租借習慣，新娘會親自購買，材質好的婚紗通常需三千到四千美元（約臺幣九到十二萬元），因此大部分新娘會一件婚紗穿到底。伴娘禮服則會搭配新娘選擇的主色，而且根據習俗，女賓客也要避穿白色，好襯托出主角新娘的白紗。

如果新人剛好是你的死黨，而你被欽點為伴娘伴郎，那麼你最好準備存錢來支付一大筆開銷了。伴郎需負責籌辦新郎的告別單身派對（Bachelor Party），像電影《醉後大丈夫（The Hangover）》那樣一群男人到賭城狂歡，或選在某個酒吧瘋狂一晚；而女生則舉辦「Bridal Shower」，找來新娘欽點的女性友人或親戚，一起喝喝假掰的下午茶，新娘會當著大家的面拆大家送的一件件性感內衣。這活動最主要的宗旨就是讓新郎、新娘爽，費用則全部由伴郎伴娘團買單。依照禮儀，新人也會準備小禮物回饋死黨，雖然價值往往遠低於伴郎伴娘的「付出」。

五花八門、不同文化的美麗結合

美國沒有謝親恩、迎娶的儀式，但整場婚禮最感動我的，絕對是父親牽著女兒的手走上紅毯，將新娘交給新郎的那一瞬間；晚宴開場前，新人跳完第一支舞後，新娘便會和爸爸接著跳第二支舞。無論參加哪一場婚禮，總會看到老淚縱橫的爸爸牽著依依不捨的女兒，深刻的感情在那一刻表露無遺。

我看過的婚禮五花八門，有溫馨感人的小婚禮、有碧海藍天的海灘婚禮、也有經濟實惠的海島型婚禮。許多美國新移民結婚時，也會加入自己原生國家的文化。我有一對朋友是港人第二代配印度裔第二代，因此他們的婚禮菜色就出現印度咖哩和大餅，搭配生猛蒜蓉大龍蝦和白飯的有趣結合。

不過最瘋狂的大概是我的牙醫系朋友小陶了，為了辦一場盛大風光的婚禮，小陶從牙醫系畢業後，便和男友開始全年無休的瘋狂工作存錢，再向銀行借貸了三、四萬美元，終於在兩年後備好資金。我特別從紐約飛去舊金山參加，當天小陶換了兩套Vera Wang的婚紗，外加一套越南傳統新娘服，腳踏Jimmy Choo的婚鞋。現場用玫瑰鮮花打造了一片花牆背景，端上烤鴨、明蝦、龍蝦、鮮魚等八、九道豪華菜餚，更請來專業歌手獻唱。這場婚禮不只排場到位，新人也和賓客一起跳舞狂歡，聯合把新郎灌醉，可說是我畢生參加最過癮的一場婚禮了。至於價錢呢？——破了美金六位數。

想辦一場美式婚禮嗎？從現在起，開始存錢吧！

我與 C 的婚禮選擇
了我喜歡的紫色。

美式婚禮都會選用一個
主色調。

ABC跟小留學生不一樣？

「陌生的城市啊，熟悉的角落裡，
也曾彼此安慰，也曾相擁嘆息，
不管將會面對什麼樣的結局。」

——金智娟〈飄洋過海來看你〉

曾看過一篇由一位假ＡＢＣ、真小留學生寫的文章，主要在探討臺妹迷ＡＢＣ的現象。文章作者還提到，他的朋友英文腔一開口馬上迷倒許多西餐妹，在夜店吃太開，最後居然感染了性病。

這則文章讓身為小留學生又嫁給ＡＢＣ的我產生許多省思，所以決定以我的觀察來幫大家分析一下局勢。如果妳是憧憬和ＡＢＣ男生談戀愛的女生，那請千千萬萬要看下去。

ABC、小留學生大不同

小留學生和ＡＢＣ有千百種，為了方便區分，這裡指的ＡＢＣ是在美國土生土長、不是像我這種臺灣、美國兩邊跑的人。在夜店遇到講話洋腔洋調的男生，不一定就是ＡＢＣ，事實上，更多時候可能會是小留學生。

小留學生通常生長於臺灣，來美國念個幾年書，回臺灣馬上身價飛漲。但多講幾句可能就會發現他講英文有腔調、文法錯誤百出，來美國求學時只看《康熙來了》，交的朋友也只侷限在華人圈。大多數小留學生的家人仍在臺灣定居，到美國念書除非真的大紅大紫，拿到一個屌到不行的工作，比如進矽谷當工程師，不然都是打著「念幾年書、喝幾年洋墨水，好讓我在臺灣的薪水可以高一些」這樣的如意算盤。

有少部分小留學生真的表現出色、大紅大紫了，在美國長住下來，身分變成美國移民。除非親友介紹或打算親自來這裡找，這類人士在臺灣的出現率會低一些。畢竟為了搞到綠卡得坐移民監，頂多一年只能回去一、兩趟。這些人有時會覺得兩個文化都熟悉，又不全然屬於兩邊。可能會看美劇、關心美國政治、看美式足球，另一方面也會關心臺灣選舉，偶爾看看《花甲男孩》或《瑯琊榜》，思鄉時就自己在家做做排骨飯或鹹酥雞。他們會放不下爸媽，但也會捍衛自己的權利，在臺灣人眼中他們開放自由，在美國人看來思想保守，相對來說是遊走在中西文化間的人。

我在美國念大學時，身邊八十%的亞洲男生都是土生土長的ＡＢＣ。他們在美國長大，父母多為第一代或第二代新移民，很多人到大學還沒出過美國，甚至沒離開過自己出生的州一步，因此對臺灣或亞洲的印象幾乎是從父母或祖父母那一輩而來，不外乎亞洲人講話很大聲、殺價很用力、愛搶著付小費、菜餚不知道怎麼做的但好吃得要命……多多少少仍帶有以前略微輕蔑的偏見。當然不是每個土生土長的ＡＢＣ都如此，但我遇到很大一部分都有「美國強、美國妙、美國呱呱叫」的區域優越感。

早期的華人移民來到美國聚集在一起，形成中國城。圖為舊金山的中國城。

要價不斐卻能一解鄉愁的奶茶。

ABC面對的自我認同

ABC在成長過程中也必須面對相當大的文化衝擊，在家中吸收來自父母的亞裔傳統觀念，但在學校、社會等外在環境中，又是強烈的美國在地文化，兩者相交之下，通常會讓ABC有兩種反應：一種是完全拒絕父母的背景，討厭任何屬於亞洲的一切，渴望與原生家庭的文化切割，立志做個完全不帶任何亞裔色彩的美國人。這類型的ABC偏好的居住區域常以非亞裔人群聚的區域為主。若是第三、四代新移民，交朋友或挑選伴侶時也不特別偏好亞洲人。

而另一類人則會接受部分的父母原生文化，特別是成長於華人區的ABC，很多會被父母送去上中文學校，朋友圈也多是一票小留學生，放學時一起喝杯五美元（約臺幣一百五十元）的珍奶，一起聽周杰倫和蘇打綠、一起嗑雞排。小時候可能去過臺灣幾趟，對臭豆腐念念不忘。他們對臺灣文化抱持好奇且不排斥，而且父母相對重視華人傳統，若兒子要娶正港的臺灣媳婦，通常都會興奮且鼓勵，覺得以後孫子能夠學中文。

嫁給ABC的代價

若真有一天要嫁給ＡＢＣ，最好要有心理準備面臨一個非常現實的問題，大部分ＡＢＣ的工作重心都在美國，最可能的情況就是女方必須陪老公赴美定居。

乍聽之下似乎是在美國當貴婦，其實比較像來美國當主婦。美國和臺灣的生活模式相當不同，除了幾個大城市，大部分地區多少有點像洪荒之地，想買東西得開車半小時，距離最近的華人超市可能得開一小時。沒有二十四小時便利商店、沒有夜唱ＫＴＶ，生活有點像《慾望城市》的最後兩集：凱莉為了俄羅斯籍男友放棄工作，整天在巴黎遊手好閒、等他下班。妳的世界忽然只剩下超級市場和家裡，不折不扣，成為美國的外籍新娘。

想找工作，在偌大的美國也並不容易。即便在臺灣有原先的專業如醫生、律師、會計師、老師等，來到美國統統得砍掉重練。若沒有專業，大概只能打打零工打發時間；沒有熟悉的朋友、沒有一呼百應的姐妹淘去喝下午茶，跟老公吵架沒有娘家可回，總不可能一任性就訂機票回臺灣。那些繞著老公而轉的人生或許你曾經嗤之以鼻，現在卻變成每日的呼吸。

真愛無敵，沒有什麼是不能克服的，只是看你願不願意付出代價而已。我並不是唱衰，也沒有鼓勵。畢竟愛上誰是無法控制的，冷靜的剖析現實層面，在撲上去之前多考慮一點，再決定他是否值得你放下娘家、朋友、工作，為他重新開始？當然，如果他是萬裡挑一、打著燈籠都找不到的絕世好男，為他放下一切你也甘之如飴，那麼歡迎你，加入ＡＢＣ人妻的行列。

美國老人真好命？

「你永遠沒有老到無法設定一個新的目標，

或開啟一個新的夢想。」

——C.S. 路易斯（C.S Lewis）

很多移民至美國的臺灣人在事業有成、累積財富後，面對人生的最後一段路，往往選擇落葉歸根，回到臺灣度過晚年。當初遠離故鄉的舒適圈來到美國，為何仍紛紛如繞了世界一圈的侯鳥回巢棲息？美國或許是年輕人打拚事業的天堂，可它獨特的老年文化至今依舊讓許多臺灣人難以適應，敵不過故土和全民健保的呼喚，決定回故鄉安享天年。

賺錢自己花最實在

我在紐約華人區的診所工作時，看過不只一個年收入破美金六位數的老太太或老先生捨不得花錢做假牙，衣服穿到破，省吃儉用仍甘之如飴，只為了把錢留給子女。甚至絕大多數人的退休生活就是直接當免費保母幫忙看孫子，讓兒女可以無後顧之憂，放心拚事業。反之，許多美國老年病患就診時，無論是植牙或美白牙齒，只要經濟許可，都非常樂意在自己身上花錢。

「It's my turn now!（現在換我了！）」他們總是這麼對我說。他們庸庸碌碌了一輩子，兒女都長大後，他們退休，當然也就換他們享受了。我好奇問，難道不會想把錢留一些給兒女，讓他們生活更好一點？往往都得到了否定的答案：「不，自己的錢自己賺，給他錢他也只會拿去喝酒泡妞，何必呢？還是自己花掉最實在。」

朋友般互相獨立的親子關係

美國的親子關係之所以顯得較自由、沒有束縛，我認為是因為社會比較沒有「必須要」敬老尊賢或孝順父母的觀念。通常美國父母養育兒女的責任在法定的十八歲時結束，之後孩子想進修、輟學打工、拾起背包去環遊世界，父母都不會過問，當然所有決定的後果也必須自行負責。而父母在兒女成年後，就擁有充足的時間為自己的退休生活做準備，以後邁向終老也是用自己的存款，不給兒女添麻煩。因此，我觀察到的美國年長者與兒女的關係，少了父母的威嚴，更像是朋友。平日互相關心，逢年過節一起吃頓飯，聖誕節送送禮物，但要叫他們幫忙帶孫子或當兒女的免費管家，門都沒有。

你或許會認為這樣的關係太淡薄，但在美國人的觀念中，他們認為養兒育女的階段性任務已完成，自己有自己的生活要過。即便父母仍是最大後盾，卻也不便插手你的生活。且對兒女而言，屏除因經濟因素不得不跟父母同住的情況，大部分人也希望經濟、工作、生活都能獨立，不太會有人在做人生決定時，為了討父母歡心去選擇某科系、交某類型的女朋友，逼自己回家看爸媽，甚至為了傳宗接代而生孩子的情況更是少見，大都為自己而活，畫下清楚明白的界線。

反之在亞洲文化裡，父母的期望多半會成為做人生決定時難以分割的一部分。我看過不只一位婚後要求太太和父母同住，或是強勢的婆婆掌握家中經濟大權，進而干涉兒子、媳婦的生活，主宰孫子的教養。亞洲父母習慣將一切栽培在孩子身上，等到終老時，當然也由孩子全權照顧，孩子賺取的薪水就是父母的退休金。

享受人生下半場

在美國，極少有年長者和兒女同住，年紀大了後會慢慢的尋找退休村、安養中心或療養院。隨著醫學進步，當初的戰後嬰兒潮[1]漸漸年邁，年長者的需求成為新興的一大商機。

當然美國的醫療和人力都十分昂貴，我甚至聽過環境好的院區一年收費都要八、九萬美元（約臺幣二百四十到二百七十萬元）。除此之外，美國醫療也有種種不方便，生病想約醫師看診，最少得等上三個禮拜。這也難怪許多臺灣年長者會選擇回臺定居，美國即使有千萬個好，還是沒有好到會讓人和新臺幣過不去。

1 二戰結束後，士兵從戰場回鄉，大量嬰兒出生，此現象也在臺灣發生。戰後嬰兒潮專指一九四五年到一九六五年出生的人。

位於洛杉磯西區的 WISE & Healthy Aging 老人中心，幫助退休人士規畫豐富的退休生活，2017 年被評選為傑出的非營利組織。圖為老人中心教育課程的可愛學生們。（圖／ WISE & Healthy Aging 提供）

若不談昂貴的醫療，只要用心規畫，在美國的老年生活可以過得很多采多姿，甚至可以說他們的生活是退休後才正式展開。瑞塔阿嬤自從老伴走了後，開始參加各式各樣的旅行團，因此結識了住在世界各地的姐妹淘，每半年一定相約出遊，全球跑透透；貝琪阿嬤和約翰阿公是我的病患，兩人計畫退休多年，最後決定把房子賣掉，買了一輛 RV 休旅車，帶著一隻狗，走到哪玩到哪，連護照都不用辦，用下半生來看遍美國的好山好水。

C的阿公大偉已經年過九十，還是每個禮拜都去參加老人中心的活動。老人中心提供的不只有刻板印象中的團康活動，也有各種課程及心理醫生常駐，讓年長者在多一個社交團體之餘，也有一個管道保持心理的健康。

東方文化視孝順和奉養父母為天經地義的責任，父母和孩子都為彼此而活，也常常伴隨著剪不斷的臍帶關係和無止盡的牽絆；反之，美國父母和子女都只為自己而活，看似輕鬆瀟灑，可真的走到生命盡頭，孤單一人躺在病床上時，或許也會希望孩子能夠待在身邊。

如果是你，會選擇哪一種老年生活呢？

歡迎來到美國天龍國——舊金山

「舊金山實在太美，
我每次來這裡傳講有關天堂的事，
都得猶豫半天。」

——葛培理牧師（William Franklin Graham）

「你搬到舊金山，就會變成那種高高在上的天龍人了。」小黛依依不捨的對我說。

「為什麼叫天龍人？」小黛和我是死黨，一起走跳紐約、一起到北歐旅行，從男人到生活無話不談，當時我正要離開她，也告別洛杉磯，搬到舊金山灣區去。我從沒住過灣區，還真不太懂「舊金山天龍人」的定義。

「就是對健身狂熱、練就一身腹肌，然後一回洛杉磯就抱怨為什麼餐廳不是純有機？還會逼我喝用羽衣甘藍[2]那種噁心蔬菜打成的奶昔。」

我把這則笑話分享給住在灣區多年的天龍人軒兒時，她則一本正經、非常認真的說：「妳怎麼可以沒喝過羽衣甘藍打成的奶昔？那真的營養好喝又健康呀！」

何謂天龍人

美國地大物博，不同城市的生活習慣和氛圍，也造就出截然不同的文化，有時甚至不像同一個國家。矽谷就位於舊金山灣區，加州北方，是全美人口第十三大城，但目前的房租已經幾乎和紐約曼哈頓平起平坐了。在當地人眼裡，「舊金山」一詞指市中心

2 羽衣甘藍（Kale）是近年健身者非常喜愛的蔬菜。

區域，以市中心為中心點，延伸出北灣區（North Bay）、東灣區（East Bay）和南灣區（South Bay）三個地點。聰明的同學立刻舉手發問：為什麼沒有西灣區？答案很簡單，因為那是太平洋，住在那裡的只有礁石和動物。

為什麼我會稱灣區為天龍人的地盤，因為他們真的是我住過全美三大城市紐約、洛杉磯和舊金山後，天龍人發現比例最高的地方。在紐約，我大部分的病患是各行各業的上班族；洛杉磯大部分是從事娛樂業；而灣區，不是工程師就是經理、博士，而且大多從令你肅然起敬的學校畢業。某次參加朋友的生日派對，現場清一色都是博士，閒聊後發現不是ＭＩＴ畢業就是在哈佛待過，現在的工作則是在加州大學舊金山分校（ＵＣＳＦ）的公衛署上班，或繼續拿國家經費做研究……我只記得那天他們深入討論茲卡病毒就聊了一個小時，在灣區參加

舊金山最知名的風景——金門大橋。

派對，絕不是能讓你打打嘴砲、聊五四三的地方。

連在這裡當牙醫也比其他地方壓力更大，灣區的病患特別愛問我從哪個學校畢業，還好NYU是大多數人聽過的學校，如果說出某個中西部聽都沒聽過的學校，天龍人應該會要求換醫生。在史丹福醫院工作的朋友史蒂芬也告訴我，他的病患不是博士就是教授，有時不只盤問學經歷，還會問他的個性、興趣、習慣，他上次這樣被質問，是在醫學系的面試上。

有機環保才是王道

小黛說得沒有錯，舊金山人非常熱愛健身，除了市區擁有規畫良好的腳踏車步道，近郊也有許多爬山、健行、慢跑、騎腳踏車的好去處。這裡的人並不是為了演藝圈試鏡或想擁有比基尼身材才健身，而是真正渴望追求身體健康、讓身體隨時處於良好狀態。因此，舊金山人也對有機飲食異常執著，無法接受吃進非有機食物或塞垃圾食物到他們的矜貴身軀裡。這裡的人不但堅持有機、沒注射過賀爾蒙的肉類，連蔬菜都必須挑註明非基因改造（non-GMO）的才夠看。

除此之外，舊金山近年也吹起一股自耕農風潮，大家會在自己的後院種植蔬菜瓜果，採收時不忘拿給鄰居假分享真炫耀一番。他們不愛比誰的房子大，而是誰的蔬果種得好，有時候看某品種的蔬菜在別人家種得成功，自己也立馬去種，像在比賽一樣。

除了有機文化，天龍人對環保的堅持就好比洛杉磯女明星對化妝的執著——不做會要他們的命！舊金山的垃圾分類做得非常詳細，五個資源回收桶才會碰到一個垃圾桶。所有人開的車種幾乎清一色是油電混合車（Hybrid），為空氣的清新出一份力。資源回收、廢物利用，甚至二手衣拍賣也非常常見，買菜絕對乖乖帶環保袋，這對他們來說一點都不麻煩，而是像呼吸一樣自然。

美食美酒要講究細節

天龍人不愛吃粗飽，大部分食物都走精緻美味路線，他們非常樂意在美酒、美食上撒錢。一個名牌包帶給他們的吸引力，遠遠不及能夠在米其林三星的餐廳享用一頓來得令人稱羨，也難怪《華盛頓郵報》評選全美十大美食城市排行榜，舊金山列居第二，遠遠把紐約、洛杉磯和芝加哥甩在後頭。就算一定要吃漢堡、薯條這種美國路邊攤食物，天龍人也會標榜使用有機牛肉、酪梨油炸新鮮馬鈴薯條，才能心滿意足的享受。

既然有精心製作的美食，當然就要配美酒。知名的納帕酒莊（Napa Valley）位於舊金山北方車程一小時之處，擁有全美最好喝也最昂貴的的酒類。一口大的假掰小點心也可以細嚼慢嚥的分成三口吃，搭配美酒細膩的品嘗風味，是最天龍的品酒方式。若能講出自己收藏了某一款昂貴的酒，或可以對哪種酒該配哪類菜侃侃而談（這裡可不是泛指紅酒配紅肉、白酒配海鮮這麼簡單，必須談到酸度、甜度、回甘度等艱澀品酒名詞），絕對能讓你迅速在天龍社交圈裡竄紅。若你是只要一瓶廉價啤酒就喝得很開心，覺得啤酒和紅酒喝起來差不多的人，就……不要讓天龍人知道就好。

反骨率性是生存之道

美國當年嬉皮文化的重鎮之一就在舊金山，因此整體氣氛自由，更遺留許多反骨、叛逆的因子。與東部紐約西裝筆挺的華爾街相比，天龍人上班真是隨性得像在度假，常常T恤加短褲就出現在公司，某些企業還允許隨時帶寵物一起上班。我有個柏克萊畢業的表哥告訴我，柏克萊有許多教授得過諾貝爾獎，而學校也特別為這些諾貝爾得主留專屬停車位，畢竟他們是柏克萊之光。如果你仔細去留意這些諾貝爾得主專屬停車位的車輛，會發現幾乎都是破爛的老爺車，幾乎看不到什麼新車、名車。不禁讓你納悶，明明拿了諾貝爾獎，換輛車有這麼困難嗎？但他們偏不要，開拉風的車反倒顯得俗氣，就是要這樣隨興反骨，才能顯出天龍國的率性。

也因為這種不隨波逐流的風氣，舊金山在平權方面相當引領潮流，比美國其他城市都來得先進。尤其生活在灣區開銷比其他城市大，幾乎夫妻都是雙收入。當地很多爸爸是軟體工程師，一整天在家工作不是問題，如果太太剛好從事朝九晚五的職業，那麼接送、照顧小孩的事就會落到丈夫身上，導致許多當地家庭都是

舊金山人熱愛到納帕酒莊享受有點小假掰的品酒之旅。

男主內女主外。而同志議題在灣區則根本不算爭議性話題，早已是常態。

靠自己創造成功

如果說我在洛杉磯遇到一半以上的病患都從事娛樂業，那麼在灣區遇到一半以上的病患都在搞創業。白天是上班的工程師，晚上在家寫程式，另外創業的人多不勝數，只屈就於單一產業或單一型態的工作，對天龍人來說遠不及薪水少但挑戰性更高的創業文化，現在世界知名的Uber、Facebook、Apple、Airbnb等，都是矽谷起家的產業。有趣的是，在灣區有八十五%的產業都是由員工不到十人的小企業組成。舊金山人也熱愛支持這些在地創業，與其購買名牌服裝，他們更熱愛支持當地特色品牌。

舊金山不是只有金門大橋或漁人碼頭，若有機會來到舊金山，別忘了一邊啜飲美酒，一邊徹底親身享受一下天龍國獨有的自由空氣與假掰文化吧！

紐約客的美麗與哀愁

「若在紐約畫下你的記號，

就表示你已經成功了。」

——馬克吐溫（Mark Twain）

在紐約的八年生活，大概是我人生中最具挑戰性的一段日子，每天都是汲汲營營的面對瘋狂的學業和老闆，連喘息的時間都很少。但令人意想不到的是現在回頭看，那八年卻成為我生命中的亮點之一。在我離開紐約後，好幾次都在夢中回到那令我又愛又恨的曼哈頓，被高樓大廈包圍的都市叢林，呼嘯而過的計程車，唯一和現實不同的，是少了每個轉角都有的嗆鼻煙味。

每每醒來，總會有點悵然，那曾經被紐約塞得滿滿的內心角落，如今只剩下酸甜又苦澀的大蘋果回憶。住過美國這麼多地方，最令我念念不忘的除了紐約，還是紐約。

快狠準！別擋我的路

在美國，大家見面第一句話通常是：「你好嗎？」但在紐約，不會聽到任何人問你好不好，因為他們真的不在乎你好不好，也沒時間假裝在乎，這就是紐約客的特性，沒空矯飾客套，畢竟時間就是金錢。走在紐約街頭你會懷疑，紐約客的字典裡是否沒有「散步」這兩個字，每個人似乎永遠都在趕去目的地的途中，抓著手機不放，確認幾點幾分前要搭上某班列車，整個城市的人幾乎都用在跑步機上的飛快步伐往前走。如果你是個初來乍到、走得太慢的鄉巴佬，或是對帝國大廈傻笑的觀光客，不但會直接被超車，有時更可能被罵髒話。

如果說洛杉磯是追逐夢想而生的城市，那麼紐約客的生活則永遠圍繞著工作打轉。我在紐約認識的朋友大概九十九％是工作狂，且對自己的人生非常有想法和目標，知道自己為何來紐約或想從紐約獲取什麼。因此在紐約，工作永遠是生活的第一順位，紐約人的下班時間通常比美國其他城市更晚，加班更是常態。如果你在傍晚五、六點去餐廳用餐，通常會看到三種人：觀光客、退休老人及帶著孩子的主婦。但如果晚幾個小時，約八、九點時，餐廳就會全部被上班族占據。在紐約和朋友約吃飯，晚上九點才吃牛排絕對是常態。

這樣的快步調和明確目標性也反應在美食上，相較於舊金山細嚼慢嚥的有機健康風，紐約人選擇食物以效率至上為準則，二十四小時都能找到外送餐廳的，全美國就只有紐約市了。因此紐約聞名的美食如披薩、貝果，都是方便邊走邊吃的食物。

寸土寸金、熱鬧非凡的紐約居

即便在幾年前美國金融海嘯來襲時，也絲毫沒有動搖曼哈頓逐年遞漲的昂貴房價，也因此衍生出很多有意思的紐約居住模式，例如沒有客廳，而是將客廳另外隔成一間分租

紐約之肺——中央
公園。

寸土寸金的曼哈頓，
擁擠的都市叢林。

出去；或是空間迷你狹小，兩隻手往左右兩邊平舉就是房間的寬度。我也曾在美西看過類似大小的房間，那是舊金山惡魔島的牢房。上層是床鋪，下層是書桌，這就是你居住的膠囊房間；廚房和廁所的大小永遠只夠單人進入，美國中、西部主臥室廁所配備三溫暖浴缸、淋浴間，乾溼分開的兩個馬桶和雙人洗手檯的奢華空間，曼哈頓絕對找不到。更諷刺的是，那間主臥室廁所可能比你整個紐約公寓還大，這就是當紐約客的代價。

貴鬆鬆的公寓通常也會有些好朋友來訪，電影《曼哈頓奇緣（Enchanted）》裡，公主唱歌引來的不是蝴蝶或小鹿，而是老鼠和蟑螂。曾有一個朋友告訴我，他住過一間蟑螂公寓，牆壁上永遠是密密麻麻的蟑螂們，不同時間還會有不同的排列形狀，簡直就像心理醫師在問你「這排起來像什麼東西」的心理測驗圖案，讓你每天回家都充滿不同驚喜。而對紐約公寓的好朋友唯一的處理方式就是面對它、接受它、處理它，最後再放下它（的屍體）。正宗紐約客早已練就遇到他們連眉頭都不會皺一下，正是心如止水的高人境界。

地鐵是居民複合式生活空間

紐約地鐵不只是交通工具，畢竟對移動中的紐約客來說，地鐵裡的通勤時間怎麼能夠浪費呢？紐約地鐵可說是這世界上面貌最多元的了，它可以是紐約客的臥室、起居室、餐桌、客廳、廚房甚至是健身房，可以吃早餐、看書報、補眠，正港紐約客在地鐵上打盹兒，一定能在到站前的兩分鐘自動醒來（姐姐有練過，第一次到紐約的小朋友不要學），這還沒什麼了不起，在地鐵上剪指甲、練肌肉、挖鼻孔、化妝甚至裝飾蛋糕，都不足為奇，就算有人在你旁邊尿尿，紐約客也能處變不驚。

尖峰時間的紐約地鐵更是可怕，乘客擠到如沙丁魚罐頭，地鐵延誤或暫停N次見怪不怪，而且車廂內永遠充斥著腋下體味和屁味的混合氣體。即便身處如此惡劣的環境，你還是能看到紐約客處之淡然的經典表情，默默做自己的事，搭配「天塌下來與我無關」的淡漠。

你知道的，那不是紐約

紐約人看似波瀾不驚的冷漠，其實這也體現出他們對紐約不變的愛。紐約人最愛的口頭禪莫過於——「那不是紐約」。例如：「我知道巴黎很美，但你知道的，那不是紐約。」一語畢還要搭配一個悲天憫人的神情。紐約客懷抱著其他城市人少見的驕傲，而且認為沒待過紐約等於沒見過什麼世面。

對他們來說，世界就是繞著紐約轉，其他城市統統只是配角。所以紐約客也很愛嘲諷美國其他城市，尤其是洛杉磯。對紐約客來說，洛杉磯的天氣雖好，可城市太假（像是熱情的讚美、名牌包，以及胸部），而且一下雨就唉唉叫，老愛喝假掰的健康排毒飲料。對就算下雪也會逼小孩步行去上課的紐約客來說，除了弱還是弱！

曾經有位姐妹淘擔心我離開紐約會難以適應，覺得其他城市相形之下都遜色許多，不過我倒認為，紐約這瘋狂城市給我的訓練，讓我出了曼哈頓到任何地方不但不會活不下去，反倒活得更好了。

這就是紐約教我的事。

星光閃耀 LA LA LAND

「對整個世界來説，

洛杉磯是一座夢想的城市。」

——貝瑞．山德斯（Barry Sanders）

「醫生，你等下要鑽牙的時候，記得告訴我唷！」病患比爾認真對我說。

「為什麼？你是要乘機聽音樂？還是需要有人握住你的手？麻藥已經打了，不會痛的。」這已經不是第一次遇到看病會緊張的病患，所以我猜想他可能只是怕痛，需要安撫罷了。

「不、不，妳的麻藥打得很好，我完全沒感覺。但我需要錄音，所以妳一定要跟我說唷！」

「……好。」我準備就緒，給了病患一個手勢，他按下手機錄音鍵，刺耳的鑽牙聲音傳來，比爾錄了至少兩分鐘後才停。

「謝謝妳，醫生。」病患趁漱口的空檔說。

「不客氣！不過我好奇，為什麼你想錄鑽牙的聲音呢？」不得不承認，這是我第一次遇到如此古怪的請求。

「啊，忘了告訴妳。我是混音師，我要把這個聲音放到我的新專輯裡使用！」

這種奇特的理由，大概也只有在洛杉磯才可能聽到。

築夢者的天堂

說起我和洛杉磯的淵源，大概可說是命中注定。我在這裡出生，來此念大學，還遇到人生中的另一半。我曾經離開它，但繞了美國一圈後又回到這裡定居。洛杉磯不只有迪士尼、好萊塢或陽光沙灘比基尼，最吸引人的，莫過於許多人在此追逐夢想時，眼中綻放的美麗星星。

我在洛杉磯時，在聖塔莫尼卡海灘附近的一間診所上班，溫暖的陽光總會從屋頂的天窗折射進來，每個病患來訪時都不會忘記戴上太陽眼鏡，以免被足以治癒憂傷的加州陽光刺傷。在這裡一半以上的病患都在娛樂相關產業工作，除了混音師比爾，還有身兼演員和導演的亞力克，鼻子裡總掛著一塊又大又醒目的鼻屎，害我老是在想到底該不該提醒他，這應該會影響他的下次試鏡；有專門開直升機到世界各地拍攝特殊景觀的查爾斯，一個月只有一、兩天在家；擔任U2巡迴演唱會幕後總監的泰德，跟知名樂團巡迴世界時，在西班牙遇見了真命天女，抱得美人歸。

除了這些成功人士，更多的是還在夢想的路上，如同電影《樂來樂愛你（La La Land）》中的女主角米亞，還在等待大紅大紫的機會。如果說紐約人的目標明確，那洛杉磯就是充滿了愛作夢的人，跌跌撞撞的一邊追夢一邊修夢，很多時候也不太知道自己真正想要的是什麼。好在洛杉磯四季如春，在這裡落腳，就算是在夢想的途中，溫暖的陽光下搭配美麗的浪潮，倒也不失為一個作夢的好地方。

大塞或小塞，沒有不塞

正因築夢者多，全都開在洛杉磯的路上時，難免造就今日無比恐怖的交通狀況。和洛杉磯人攀談，每個人看起來都和顏悅色、談笑風生，問他們今天如何？永遠都是回答好很好非常好，你呢？可一進到車子裡，立刻從和善的天使轉變為恐怖的惡魔，超車、飆車、按喇叭、比中指樣樣來。根據不負責任的田野調查，據說洛杉磯人每天花在高速公路上的通勤時間是兩個小時起跳，同時也榮登每年全美交通最壅塞第一名。很多來洛杉磯玩的朋友都問我該如何避開洛杉磯的交通尖峰，我通常都回答：只有大塞跟小塞的差別，除非你打算半夜開車，才有可能完全不塞。更別提只要天空開始飄起細細雨絲（而且只是不會下超過五分鐘的那種濛濛細雨，離大雨還有一段距離），交通仍會立刻癱瘓。

外表決定一切

除此之外，洛杉磯是個高度以外表取勝的地方。如果說天龍人喜好開節能減碳的Hybrid環保車，洛杉磯人則會選擇同樣價位，但更拉風、非環保、非Hybrid的名車，也

每個南加州大、小
孩都必去的迪士尼
樂園。

交通是洛杉磯最可怕的
毒瘤，永遠都在塞車。

難怪洛杉磯的汙染總是那麼糟糕，不同於舊金山人注重美食是為了不把垃圾吃進身體，洛杉磯人則是為了擁有完美的身材曲線。越有錢的洛杉磯人越愛吃沙拉，坐在比佛利山莊的餐廳裡，很容易看見髮型完美、手拿名牌包的富太太帶著青春期的女兒吃飯，點的菜色除了沙拉還是沙拉，而且絕對是要求醬汁放旁邊，不能直接淋上去，才能控制熱量。畢竟身處一年三百六十五天都適合去海邊，四季都能短褲、夾腳拖的城市，沒有需要放縱大吃、儲存熱量的冬天，當然也沒有讓身材鬆懈的餘地。

不只身材，即使再苦再窮身上行頭也絕不能寒酸，是洛杉磯人的處世守則。從外在的衣物首飾，到內在的肌肉鬆弛，該血拚還是進廠維修，這些錢對洛杉磯人來說都是投資。整形在洛杉磯不但是家常便飯，更是許多女人心目中的夢想。我的其中一位牙科助理就告訴我，她辛苦工作的目標不是遊山玩水或買房子，而是存夠Titi's Fund（中文翻譯：奶子錢），好大肆整頓她的洗衣板身材。

因此，不用太意外的，當天龍人在暢談創業與市場走向時，洛杉磯人則會熱烈的聊明星八卦或最新減肥法，頭腦裡的知識並不是他們最重視的——除非這知識可以吸引他人的注意。相較於紐約小孩校外教學會去參觀各大博物館，洛杉磯小孩的校外教學是暢玩各大遊樂園。

快樂背後的憂鬱

洛杉磯看起來如此光鮮亮麗，大肆高舉享樂旗幟，背後的藍瘦香菇卻鮮少有人討論。如果紐約人的負面情緒是以憤怒取勝、舊金山人以質疑見長，那麼洛杉磯人在快樂的背後多是憂鬱的心情。洛杉磯風光明媚，但看似越能懷抱偉大夢想的地方，當夢想幻滅，墜落谷底的程度也非同一般，在此長大的孩子常有找不到未來目標的迷惘，罹患憂鬱症、躁鬱症，甚至染毒、鬧自殺也大有人在，心理醫師在洛杉磯可說是能賺進大把鈔票的職業。

迪士尼和好萊塢堆砌出來的夢幻王國，讓打造的夢想比真實生活更吸引人，只要有夢想，就有對真實世界的渴望，即便夢想破碎，還是能擦乾眼淚、拍拍屁股朝下一個夢想前進，是洛杉磯的夢幻給予人們的勇氣，也是我覺得這裡的可愛之處。

2

THE
ENTRANCE ON 45TH
GREAT SEATS THIS WEEK
PITCH PERFECT 2
AERO

PART

讀書、就業，美國打滾大不易

美國中學，教你懂得生活

「教育就是當你把學校所學的知識都忘記時，
你還留下的東西。」

——愛因斯坦（Albert Einstein）

如果說亞洲文化下的孩子從小就被教導要守規矩、好好讀書才能出頭天，那麼美國小孩最常被教導就是要學會懂得享受生活，美國人重視 live their lives，活出自己的人生，因此他們最在乎小朋友的童年快不快樂，有沒有創造好的回憶。

第一次來美國留學時，我國小剛畢業。在來美國的半年前還穿著制服讀國語課本，過著與月考和小考為伍的日子。半年後，我沒有上語言學校，直接來到洛杉磯近郊的中學正規班級就讀，開啟我在美國念書的第一章。

這所學校沒有升旗典禮，不用排隊到操場聽老師訓話，不用穿制服，也沒有人天天強調升學考試的壓力。每天早上鈴聲一響，大家就到自己的Homeroom[3]報到，聽校長或老師用廣播朗讀報告事項，最後全體起立對著國旗宣誓，背誦《效忠宣誓》[4]之後結束。不同於臺灣是一班學生從早到晚都坐在同一個教室中，美國則是老師待在自己的教室，學生輪流到不同科目的教室去上課。

3 學生每天早上到學校後，聽全校報告事項的教室，但並不一定會在該教室上課。

4 Pledge of Allegiance，其意義在於向美國國旗及美利堅合眾國表達忠誠。

上學注重多元活潑

美國的學校制度從中學開始會變得十分多元，除了英文、數學、歷史、自然等基本學科，也有選修課可選擇，我就因此接觸到木工，做了一個兔子造型的木製裝飾品，還有夾便條紙的功能；第一次學了油畫，畫出我非常愛的夕陽；更曾選修畢業紀念冊的編輯課程，學會修照片、設計如何把照片擺在一起卻不會難看的撇步。

即便是必修科目，也鮮少是填鴨式的聽講，不用一直抄筆記或死背必考題目。曾經有一位自然課老師就要我們分組帶糖果來，用糖果做成細胞裡的各個部位，在邊吃邊做中（美國牙醫總是不太有失業問題，不是沒有原因的），學會了動物細胞的各個部位；而另一位社會課老師除了講解歷史故事，更讓大家分組合作呈現歷史。我們這組就仿照美國益智節目《危險邊緣（Jeopardy）》抽獎問答的方式，用更活潑的方法強化學生對歷史細節的印象。

下課後生活更精采

而對大部分美國中學生來說，真正的中學生活是從放學後才展開。在臺灣，從國小開始就習慣五點才下課的我，到美國瞬間變成兩、三點就放學，功課量也相對輕鬆，一個晚上絕對能搞定，因此下午往往多出許多時間，就能參加課外活動、球類運動。美國人對運動十分熱衷，在中學時期，校內厲害的運動球員甚至會被當成偶像明星看待。校際之間也常常舉辦比賽，忙死中學生家長；而在好萊塢校園電影中常出現的啦啦隊，想加入更是難上加難，能夠進入啦啦隊的女生，在中學社交圈的地位絕對是一步登天。

四肢不發達的學生也可參加動態的課外活動，例如話劇社的排練；也可從事社區服務，比如到馬里布海灘撿垃圾做回收、替一些同年齡層的身心障礙小孩當家教等。我發現，每個科目都拿A並不是美國中學生的最終目標，而是按照他們喜歡的興趣去探索，才是王道。即使有少部分什麼活動都不參加的學生，放學後的第一要務也不是寫功課或上補習

馬里布海灘常可看到來撿垃圾做社區服務的當地中學生。

班，而是到附近商場和同學吃東西、逛街、打打屁、約約會，隨心所欲的體驗人生。

感情不是學生的禁忌

友情和愛情也是美國中學生的必修學分，在十三、四歲這情竇初開的年紀，開始對異性產生好奇，以前看來討厭的小屁孩轉變為可愛的小男生，原本從不留意的小女孩也變得吸引人了。美國家長很少反對孩子和異性交往，不像臺灣家長那樣三申五令「等上大學再談戀愛」，他們能夠大方的在校園裡牽手聊天，學校每年還會舉辦舞會，讓學生邀請對象、攜伴參加。這種感情並不是要認真的談到天長地久，能撐一個學期就算不錯了，但整個過程恰恰是青春期裡最健康自然的情感教育。

在臺灣，人緣好或被定位為主流人物的小孩，通常都品學兼優；成天鬼混、成績吊車尾的學生就會被貼上不學無術、不上進的標籤。在美國剛好相反，成績好或被老師喜歡的學生，不見得能成為學校的風雲人物，反而可能得到「Nerd（書呆子）」或「Teacher's Pet（老師的寵物）」這類綽號。反倒是功課或許差強人意，但人際關係優良的往往會被選為班級代表，顯示美國人重視ＥＱ甚於ＩＱ的觀念。

盡情用外表展現自我

除非是私人學校，否則美國公立教育體系裡鮮少有「穿制服」的規定。每個人去上學都可以奇裝異服，展現自己的個性。在我還不懂眼影和眼線的差別時，女同學早已天天畫起大濃妝，染不同顏色的頭髮。那個年代的女生流行穿合身上衣搭配喇叭牛仔褲，男生則是大T恤配上大垮褲。而我，根本從沒思考過自己喜歡穿什麼衣服，仍乖乖穿媽媽替我在臺灣市場買的金黃色上衣配成套的金黃色褲子，上面還點綴無數朵金色小花，時尚度完全扣到負分。直到朋友受不了告訴我，許多同學對我的穿著打扮議論紛紛，才知道事態的嚴重性。

中學算是個尷尬時期，一方面叛逆期才開始，想和父母畫清界線，想闖出一片天，探索更多自我，少不了各種跌跌撞撞。但我覺得美國中學對學生的寬容多元，能讓他們的快樂度比臺灣小孩多了不少。無論未來每個孩子發展不同，也不會懊惱年輕時沒機會體驗人生。畢竟現在的生活完全出於當初的決定，好壞全都自己承擔。而中學時代所累積的青春回憶，更是誰也帶不走的珍貴資產。

美國中學生的藝術創作。
（照片提供／ Feliciachengphotography）

美國中學教室一角，由學
生自行定義什麼是創意。

高中是大學前哨站

「說句老實話，沒有任何一個高中的孩子，

真的覺得他們屬於那裡。」

——史蒂芬金（Stephen King）

美國的公立高中是個三教九流齊聚之地，人數多到無法在畢業前認識全校所有人。猶如美國中學不同於臺灣制式的將學生放在一個班級裡，和班上四、五十個人朝夕相處，美國高中沒有班級概念，每個人會被給予一個置物櫃，每天的課堂就在不同老師的教室裡穿梭。如何有效尋找屬於自己的同溫層小圈圈，在偌大的學校裡找到歸屬感，成為每一位高中生的課題。

而這些小圈圈也成就了一些美國高中的刻板印象：成績好的書呆子Nerd、四肢發達的運動員Jock、獨來獨往討厭人群的孤僻鬼Loner、人人愛的俊男美女Popular People、只跟其他行軍樂隊交流為伍的Bandos、永遠畫黑色濃妝染黑髮的Gothics、身材火辣令大家噴鼻血的啦啦隊Cheerleaders等。

乍看多采多姿的美國高中生活，到底好不好念？是我最常被問到的問題之一，而這個問題的答案可從兩方面探討：三分天註定和七分靠打拚。

三分天註定

最直接影響一個學生的高中生活，來自於家世背景。在美國，最能牽動房地產的價格因素來自高中學區的品質，能夠上一所好的公立高中，代表你的家人力量夠強大，能夠支付高額房地產價格和每年的地產稅。

從小在洛杉磯最昂貴學區聖馬利諾（San Marino）長大的友人小芬告訴我，因為從小學在明星學區中長大，生長環境註定要與他人競爭，因此她每年暑假都圍繞著補習、家教或學科比賽打轉。小芬身邊的同學都開名車、住豪宅，而且統統聘請私人家教，誰膽敢趁暑假去遊山玩水，就等於未來那一年會輸在起跑點上，還沒開學就先落後同儕一大截。小芬已為人母，有兩個小孩，即便小芬的父母仍希望孫子進入聖馬利諾的明星高中就讀，但小芬想起自己的高中生活只有滿滿的升學壓力，堅持不讓小孩的高中生活變得和她一樣，反而希望小孩能有課業以外的興趣，如音樂、運動或是其他才藝發展。

聖瑪莉諾不是唯一的例子，在北加州帕羅奧圖（Palo Alto）的另一所明星高中Gunn High School，也因為學生壓力過大而爆出自殺潮，為全美平均自殺率的四倍，令那些拚命賺錢只為在昂貴學區立足的父母十分痛心。經過美國疾病管制局（CDC）調查後發現，這些住在「好區」的青少年多半有憂鬱症或躁鬱症的紀錄，除了平常的課業壓力，更常覺得自己必須長期跟上同儕的步伐，不斷競爭。此事件爆出後，全美一片譁然，學校也加快腳步增加心理輔導的機制。

若處在不好的學區，也是另一種極端。小莉是年近四十、卻老在不同的低階工作徘徊的紐約客。她的父母是來自韓國的新移民，初來乍到對美國教育制度不熟悉，不知道

洛杉磯最昂貴學區的聖
馬利諾高中。

可以將孩子以考試的方式送往更優良的學區。小莉的父母單純把她送往家附近的公立高中，身邊很多同學混幫派、吸毒，輟學也是家常便飯，女同學不小心懷孕的例子比比皆是。這樣的環境讓小莉難以專心上課，連帶影響成績，無法申請上四年大學，只得到社區大學完成學業。小莉總認為是父母的抉擇失誤，影響了她日後的發展。

七分靠打拚

除了不能選擇學區，美國高中生在學習之餘，也需背負著某程度的選擇和責任。美國高中除了既定的基本科目如英文、數學、自然、體育等，設有許多選修課，讓學生依照興趣或未來方向自由選擇。對美術有興趣可以考慮參與畢業紀念冊的編輯、音樂、攝影；對醫學院有興趣的則可選大學先修課（Advanced Placement，簡稱ＡＰ）的物理或化學來提升成績；想從商的學生，則有市場分析、網路設計、商業法或外國地理等學分。

高中時猛讀書，現在已經成為大醫師的小凱告訴我，他很後悔高中時選修課都選只對申請大學有幫助的ＡＰ課程，當初要是能選至少一堂自己喜歡的捏陶課，該有多好。

根據二〇一五年美國人口調查統計，總人口中約八十八％有高中畢業或同等學歷證書，只有三十三％的人口獲得四年的學士學位。在美國，雖說不是每個人都必須念大學，但如果打算升學就要有心理準備，高中的每一科成績和課外活動都會在申請大學時被拿來檢驗。

美國大學入學考試ＳＡＴ雖不如聯考難念，卻也讓補習班和助教的生意在許多好學區蒸蒸日上。申請大學除了成績必須優異，還必須想辦法在課外活動出色，打工、做志工、參加競賽或球類運動、當家教等，來凸顯學生的人格特質和獨特性，讓你在申請大學時脫穎而出。當然那些背景夠硬、家裡可以拿出百萬千萬美金捐給理想大學的特殊案例，就不在此討論範圍內了。

許多人說美國的孩子比臺灣的快樂許多，倒不能一概而論，而是各自有不同的期許和壓力。但我認為其中最大的差別，大概是美國高中給了學生選擇的空間，即便同樣身處高壓和他人競爭，至少也是為自己選擇的科目和方向奔忙，就算辛苦也甘之如飴。

條條大道通大學

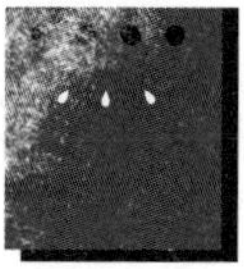

「了解自己，是所有智慧的開端。」

——亞里斯多德（Aristotélēs）

在美國申請學校不是考試成績說了算，無論是申請大學、碩博士，甚至醫學院、法學院、藥學院等專業課程，都會被要求提供自傳和推薦信。申請學校時，分成兩關要過：第一關是硬性項目，如在校成績、統一考試成績、畢業學校審核等。成績不優、考試成績沒達到該學校的最低標準，在第一輪就會被刷下來。

通過第一輪篩選的朋友，才有機會進到第二輪的軟性項目，審查你的課外活動、研究報告、社團領袖職位、其他獎項，社區服務等。除了這些課外活動加持，學校想更了解一位學生，就得靠推薦信和自傳了。招生人員一天必須看上百封申請書，要如何從裡面脫穎而出，成為每位申請學生的最大課題。在硬性前提都一樣的狀況下，推薦信和自傳往往會成為能否面試或直接錄取的關鍵。

教授推薦信很重要

很多人通常都認為，找大牌教授（但通常是和自己最不熟的教授）寫推薦信是很重要的，但裡面內容通常十分八股，比如這位學生在我的課上拿A，品行優良，值得推薦云云。但其實美國大學和研究所想看的不是安全牌的推薦信，而是想藉由他人的視角來認識你的特質和故事。

因此，平時和教授打好關係很重要。但在美國不像臺灣，需要做幫教授拿水端盤子等小李子的行徑，而是在平常課外時間找機會多和教授討論、問問題，讓教授能夠在幾百位學生裡記住你，才是王道。除此之外，這門課的成績也不能太爛，如此一來，大部分的教授都不太會拒絕學生的推薦信邀請，畢竟他們也明白這對學生是很重大的事。

真正把你當自己人的教授，還可能會開誠布公的提供建議：「我認為你不該申請A大學，B大學比較適合你。」這時候你就要有心理準備，即便A大學是世界級學府，你心中的藍波萬，但如果硬要這位教授幫你寫推薦信，他為B大學寫的推薦信絕對會遠好於A大學。而如果你的教授人氣頗旺，或者B大學的教授有聯結，那麼你被B大學被錄取的機率非常高。也不是說你不能申請A大學，只不過推薦信可能不會寫得太好，對你的幫助也不大。

邀請寫推薦信時，也要考慮私密程度，這裡的私密不是指公開私生活，而是「客製化」的概念。通常一位大學教授的學生都是上百甚至上千人，大家寫出來的內容都差不多。假設C教授名氣很大，D教授的名氣較小，可你卻跟了D教授做比較多的實驗，相處時間比較長，那麼C教授能寫出來的推薦信絕對不會比D教授效能大。因為D教授能寫出你實驗失敗時，如何不屈不撓去實驗室蹲三天三夜不睡覺，表現你決心與毅力的故事，這樣的故事C教授絕對寫不出來，因此D教授絕對能夠更讓人記得你。

自傳要言明己志

寫自傳時，不用重申自己哪科拿多少分，哪裡得過獎，或者為什麼你的物理成績不好。會看到自傳這一步，通常第一關的硬性成績已經不重要了，再多說只是浪費篇幅。所謂知己知彼，百戰百勝。寫自傳前要想想，如果今天和你同樣膚色、同樣背景、同樣成績的人申請了你要申請的大學，那麼你有什麼個人特質或故事，會讓招生委員會更想選你？

美國大學大多會留特定名額給特定種族背景的人，你要競爭的對象不只有來自紐約布魯克林黑人區的非裔美國人，更有可能是來自中國或香港的國際學生，因此你的個人故事極其重要。以我當時申請牙醫學院來說，寫自傳時最忌諱提出以下兩個想當牙醫的老梗理由：第一個是會讓人想翻白眼的「渴望救人」說，這說法根本不成立，救人的方法百百種，去當神父也是一種救人方式；二是傳承家業，「我爸爸是牙醫、我媽媽是牙醫、我祖宗八代除了牙醫還是牙醫」，就算你骨子裡流著牙醫的血，也完全沒有凸顯出「你個人想當牙醫」的理由。撰寫與眾不同的故事才是最根本的關鍵，比如曾經去肯亞當半年義工、曾在附近的醫院當志工、每週都去圖書館教小朋友做功課、曾在迪士尼樂園打工等，只要能說出這些經歷如何成就今日的你，都可以成為屬於獨一無二的題材。

申請學校實在有點像交往前的曖昧階段，我申請美國的醫學院時，發現品學兼優、每科成績都拿A不一定是最重要的考量，他們更想知道「你為什麼認為你適合這所學校？」，所以自傳不能用同一版本就大量寄到每個學校，這就好像收到罐頭簡訊，通常大家連看都不想看。

我在申請學校時，就考量到南加大牙醫學院的學習方式是問題導向，學生共同學習，而非一般的講師制度。因此在自傳裡就特別重申自己特別合群、個性外向，並且喜歡在團體裡學習。但換成申請紐約大學牙醫學院時，則完全換了方式，我強調我在臺北成長，而後又來美國當小留學生的經驗，強調我的抗壓性和能夠迅速融入不同文化與環境的能力。了解不同學校的文化，才更明白你和學校契合的地方並加以強調，這也是申請者必須要做的重要功課。

最後最後，還有最強的一招，當你辛辛苦苦完成自傳後，走到咖啡廳，找個看起來人模人樣的文青（絕對不能是朋友，以求公平），請他花幾分鐘閱讀你的自傳，看完後用三個字來形容你，如果他說的三點完全吻合你的個性，那麼恭喜你，完成了一份真正屬於自己的自傳。

美國大學的無形價值

「你必須繼續就學，你必須去上大學，必須取得學位，
因為唯一一個人們奪不走的資產，便是你的教育，
而這也是非常值得投資的資產。」

——蜜雪兒．歐巴馬（Michelle Obama）

貴到念不起

近年來，臺灣的大學畢業比例逐年攀升，根據內政部資料顯示，已有四十二・七%的人口有大學畢業文憑，在臺灣，考不上大學比考得上大學更難。臺灣大學學費調漲緩慢，一有漲價風聲便容易引起輿論反彈，長年被政治因素綁架（至少臺灣政治人物沒一個敢調漲大學學費，跟水電調漲的情況一樣），嚴重影響大學教育品質，導致名為大學、實為學店的大學比比皆是，每個學生分配到的資源微薄，四年下來，學生到底學到了什麼，教育素質令人質疑。

同樣的聲音在美國也聽得到，卻是截然不同的原因。

在美國，四十四%的人擁有大學學歷，學費卻貴得令人心痛，而且年年增加，根據美國國家教育統計中心（National Center for Education Statistics）統計，美國大學學費平均一年是三萬六千五百八十九美元（約臺幣一百一十三萬元）。等大學畢業後還沒開始賺錢，就先背負近十五萬美元的學貸。

這樣的學費，一般中產階級根本付不出來，根據《時代雜誌》報導，很多人因為繳不起大學學費，選擇直接輟學、投入職場。現在共享經濟正夯，也有人乾脆把房子租給AirBnb，當Uber司機，自己創業另闢財路，這些統統不需要大學文憑。

學歷決定職場薪資

美國大學百百種，可簡單區分為兩類：偏學術導向的四年制大學（Bachelor's Degree），舉凡常春藤名校哈佛、耶魯、史丹佛等，或名氣響噹噹的公立學校如柏克萊、州立大學等，都是四年制大學；另一種是兩年制的社區大學或專科大學（Associate Degree），這類學校的學費相對較低，保障學生能夠學會一技之長，又不用背負四年制大學那麼吃重的學費，因此很多人將之視為進入四年制大學的跳板。

既然學得一技之長，為何仍想進入四年制大學呢？根據美國勞工局統計，介於一九七〇至二〇一三年之間的四年制大學畢業生（不含再攻讀博、碩士的學生），在考量貨幣貶值後，每年平均薪資為六萬四千五百美元（約臺幣一百九十六萬元）；兩年制大學的平均薪資則為五萬美元（約臺幣一百五十二萬元）；高中畢業的薪資為四萬一千美元（約臺幣一百二十五萬元）。

假設工作到六十五歲準時退休，那麼四年制大學畢業者平均會比高中畢業者多賺一百萬美元，而兩年制大學畢業者平均比高中畢業者多賺三十二萬美元。這懸殊的差距也許就是導致美國大學學費漲了又漲，而且絲毫沒有調低的趨勢。但即便是同一間大學出來，也不是所有科系都平等。根據統計，電機系的投資報酬率最高，其餘的醫療、電腦工程和商學系也相對吃香，反倒是娛樂和教育相關的科系最低。

即便大學學費年年漲，四年制大學文憑在美國社會依然吃香，並非因為大學畢業者薪資較高，而是高中畢業者的求職日益困難，中低階層職業的逐漸流失。就某個角度來看，大學學歷也可說是M型化社會的推手，提高學費來挑選那些付得起學費、資質優良、家境良好、不會中途輟學、運氣好一點以後還能回饋母校的菁英者。

全方位的延伸觸角

美國四年制大學的教育目的，並非讓你直接接軌工作，學以致用，否則兩年制大學以學習技術為主，反倒更適合這樣的動機。四年制大學提供了一個學習環境，讓你有延伸觸角的可能性，也是想進修博、碩士或其他專業執照的入場券。

美國大學擁有多元的選擇，在大學的四年中，沒有人逼你必須選哪堂課，全都是自己決定。我在念大學時就因此接觸到一些本科之外的課程，影響了日後的視野和見解。比如我曾修過一門有關愛滋病的課程，教授邀請許多病友講述心路歷程，在我就讀大學的當時，人們普遍仍對愛滋病抱持恐慌、不了解的態度，甚至連一張椅子、一杯水、一個擁抱也不願意和愛滋病患分享。但在那堂課後，我反而對這些長期與病魔為伍的人產生同理心。

想探索藝術，一門貝多芬的課讓我徹底愛上貝多芬，甚至為此追到維也納去當迷妹，只為尋訪他曾踏過的足跡；在一堂又一堂關於基因和蛋白質的課程之後，我體驗了生命的奧祕；一位教授也經常提醒我們永遠不要停止學習，每天晚上睡覺前一定要閱讀和本科系無關的書籍，讓我養成一個新的習慣。

找出生涯方向

就讀大學期間，我得以慢慢摸索出未來的生涯規畫，開始對醫療產生興趣，在UCLA的醫院裡當志工，讓我看到醫療體系的另一面向，也讓我了解到自己無法接受日夜顛倒的生活，因此不適合當內科醫生；同時，我也在一

就讀 UCLA 期間，我嘗試了許多與本科相關、不相關的事物。

名神經科教授手下做實驗，整天在顯微鏡下看蒼蠅、養細胞，讓我明白即便大多數分子生物系的同學最後都去做研究，我終究不是當研究員的料。

就這樣慢慢將選項刪去，才真正了解我喜歡什麼、不喜歡什麼，才進入牙醫這行。那年我二十一歲，如果沒有經過大一、大二的探索方向，就直接把我丟進一個只為了畢業後能進特定行業的環境，我不會去思考將來職業的方向。

學習靠自己，不是老師

UCLA是偏重研究的學校，大部分教授必須在學校有成功的研究，最好要拿到經費才能生存。因此教授的本職是研究，副業才是教書，而且一堂課通常兩、三百個學生，一整個學期也很難和教授說上一句話，受到的關注微乎其微。

況且，能做好研究，不一定就是好老師。有些教授來自不同國家，講話帶有濃濃口音，明明是講英文卻很難聽懂，漸漸的學生都悟出一個道理——學習不能只靠教授，而是要在學校中找到屬於自己的群體、生存下來。在高壓自主的學習環境下，沒有人會牽著你的手幫你過關，全都要自己想辦法打聽、探索。

UCLA聚集的幾乎都是來自各高中的菁英，每個學生在高中時或許都是最出色的明星，但到這裡才發現在滿天星斗中，不再顆顆耀眼。因此，我在大學孕育的態度之一是「謙卑」。很多天才在期中考前一天還能看足球賽，期末考前一天去看演唱會，讀書時間永遠是其他人的十分之一，但分數永遠比我們高。若你以為這些人一定是只知道埋頭苦讀的書呆子就大錯特錯了，他們反倒比任何人都懂得享受生活。

因此，我學會不和他人比較，只對自己負責，並從不同的人身上學習，也從和別人討論的過程中建立感情，而這樣的患難之情也常發展為一輩子的友誼，成為日後的人脈。

點點滴滴造就今日之我

不論在美國或臺灣，如果只是把大學生活定義為「混個文憑以後好找工作」，那麼得到的就只會是一張文憑。在我看來，美國大學珍貴之處是提供一個環境讓我盡情摸索，我現在的工作乍看和當初選修的科系很多沒有直接相關，但其實美國大學教我的並不是一堂課、一個教授、一個科目而已，而是滴水穿石般，點點滴滴影響了今日的我的思維，成為日後人生的養分。

至少對我來說，那四年所帶給我的收穫，就像蛹孕育成蝴蝶前，每一個環節都深具意義。

沒有「由你玩四年」這回事

「教育的最高結果，是學會包容的功課。」

——海倫凱勒（Helen Keller）

曾經有人告訴我，大學的英文「University」的諧音，就是由你玩四年。臺灣近年來已經有九十七%的高中畢業生有大學念，考不大學遠比考得上大學困難許多。而大家對大學普遍的印象，就是大學生活一定要過得多采多姿，夜唱夜釣夜夜笙歌，才不會浪費人生和青春。

其他人是否真的玩四年我不敢說，但可以肯定的是，回頭看我在美國的四年大學生活，真的難念到讓人想罵髒話，而且是只要稍不經心或大意，就會跌個粉身碎骨的程度。

我所就讀的UCLA有南校園和北校園之分。北校園以文科系為主，那裡的女生通常打扮得光鮮亮麗，妝容精緻；南校園則以理工生物科為主，這裡的女生則通常是素顏外加睡衣出沒，包括我自己在內。或許跟我念的科系「分子生物」有關，我永遠只能在念不完的書和功課裡打轉，

在美國讀大學，絕對別想鬼混畢業。

反觀念社會學的閨密，在我書都快念不完的同時，她卻有時間打工、約會、參加各式各樣的社交活動，害我一度懷疑我這麼拚死拚活的念第三類組到底是為了什麼？不過在歷經四年風霜後，我領略出幾個美國大學的生存戰略。

生存戰略一：了解教授的背景

大學課堂裡，隨便一堂課都是上百人，教授當起人來根本沒在手軟，畢竟他也不認識你，不痛不癢。因此，如何在如此龐大的系統裡生存下來，成為非常重要的課題。除此之外，若在UCLA任教，必須在研究方面有所貢獻，因此教授來自全球各地，導致研究為主、教學為輔的例子比比皆是。我曾經上過一堂課，整整一小時坐在臺下聽的明明是英文，可教授強大的歐洲腔調讓我一個字也聽不懂。不過UCLA的學生也不是省油的燈，在那個Facebook尚未流行的年代，學生有針對教授的評論網，是選課前必造訪拜讀的聖地，裡面還標出教授給好成績的容易度、教授講課容易度、教授親和力以及功課壓力程度等。所有前輩都非常熱心的提供建言，幫助其他學生更快進入狀況。

生存戰略二：別和他人比較

我在美國大學學到的另一件事，便是「強中自有強中者」。能夠進入UCLA就讀，除非是靠體育運動額外加分保送進來（通常這類人士成績會比較差一些），否則大家在高中時期都具有一定水準，但即便在高中時是佼佼者，全部放在同一所大學裡時仍然馬上有先後之分。我很快就理解到，在這所學校裡不可能人人頂尖，而我的資質更是必須透過十二萬分的努力，才能成為不落後的中上學生。真正厲害的強者，通常像我朋友安迪一樣。安迪講的笑話有點冷，頭有點禿，父母都是博士，社交關係有點尷尬，最奇特的是——我從來沒見他念過書。而且安迪看起來對成績也毫不在意，考試前一天，我和朋友瘋狂苦讀，安迪跑去聽演唱會，但當成績揭曉，安迪考了將近滿分，我和朋友只得到B^+。於是我終於了解要有自知之明，在UCLA，不要奢求做人上人，只要別吊車尾被當就謝天謝地了。

生存戰略三：不要只是死讀書

在美國念大學的另一個困難之處，在於不是只要把學校功課顧好就行。我發現一個有趣現象：文科生一股腦的都想申請法律系，理科生則一股腦的想念醫學系。如果打算繼續深造，想專攻專業項目，無論是醫師、律師或藥劑師，統統都得先拿到大學文憑，並在預計就讀的前一年就開始申請。不過這個現象在電機或資工系例外，通常他們畢業後會就直接去當工程師，是少數不會繼續深造的科系。

申請時，如果單憑成績優異很難申請上。美國人特別注重八面玲瓏、各方面都優秀的特質，不愛只會死讀書的學生。因此大約從大二開始，我就發現身邊的人已經開始為夢想的專業科目申請做準備了。想念醫學系的得去醫院做義工、幫護士挖大便和跑腿，也要找教授當跟班、做實驗；想念法律系的，得去法律事務所見習，並且和教授搏感情拿推薦信。

因此，除了必要的基本課業必須念好，也要花一大部分時間來經營課外活動，最好要能做到領導人的角色，讓自己出類拔萃。下課不能只泡在書本裡，而是在實驗室、醫院等地方。那些徹夜轟趴的故事跟我們完全絕緣，只恨一天只有二十四小時，在整天被活動和功課追著跑的狀態中度過。但沒辦法，履歷表上的資歷不能造假，這些經歷也不會平空掉下來，只能靠自己一天天如陀螺般的旋轉累積。

生存戰略四：交對朋友

在大學中一定要做的事情，就是找到屬於你的群體，也就是交朋友：參加華人同學會，和大家一起聽梁靜茹、喝珍奶；到教會團契讀聖經、唱詩歌；參加學校戲劇社練習表演等。大學的學生人數實在多到爆炸，幾千人裡真的不可能每個人都認識，最忌諱獨來獨往耍自閉，朋友不用多到幾百人，但絕對必須找到一個屬於自己的群體，有人可以跟你亂聊垃圾話，一起做實驗，一起吃飯。

除了付出真感情的朋友，若有機會能夠結交到特權人士，更是天上掉下來的禮物。每個大學的「特權組」風格各不相同，UCLA的特權組有兩種：一種是體育選手，他們一天到晚在外比賽，教授的課程根本不可能百分百吸收，因此體育選手另外有免費家教和幫忙補課的講義；另一種則是兄弟會、姐妹會，他們通常有自己的神祕考古題，不管你修哪一門課，都能幫助你順利過關。身為一般學生，如果沒有辦法進入特權組，就要想辦法交一個特權組裡的朋友，能讓美國的大學生涯過得更順遂一些。

雖說在美國讀大學沒有讓我玩四年的餘裕，但也多虧這四年累積的韌性、人脈、知識，成為日後走入牙醫系的墊腳石。最終，你為這四年付出多少心力，同樣也會有多少回收，大學對我來說不只是一張文憑，而是人生路程上，誰也拿不走的重要資產。

你合不合適？面對面看最準！

「我是相信運氣的人，當我努力越多，
我的運氣也越好。」

——湯瑪斯．傑佛遜（Thomas Jefferson）

找尋一個合適自己的工作堪比在感情中尋找真愛，而工作或學業的面試，就如同在彼此看對眼之後的第一次約會。美國文化非常重視「面試」，也非常相信面對面的化學反應，絕對不像許多臺灣主管面試時愛問星座血型、心理測驗結果、只差沒要求你奉上生辰八字。

確定你不是怪胎或蕭婆

在美國面試，準備過程不比考試輕鬆，不能隨便提老梗八股的廢話，也別說「做自己就好」的大話，我就不信有誰敢在面試時率性的摳腳挖鼻孔。除此之外，面試也不是讓你提書面資料上豐功偉業的時間，在美國會給面試通知，表示他們已經事先從履歷上鑑定了你的ＩＱ和背景，誰的成績太差、誰有前科、誰被當了三科，書面上的缺點都會在面試前被刷掉，也對你的經歷有一定了解。因此，學校或工作面試交鋒最主要就是凸顯三個重點：我不是怪胎或蕭婆，我擁有與眾不同的魅力，我適合這裡。

用我從事的牙醫為例，這工作非常注重人與人的相處，ＥＱ勝過一切，即便你是全校第一又會念書的高材生，如果自閉難搞又愛發神經，那還是一樣謝謝再聯絡。在職場打滾這些年，我深深體會ＥＱ的重要性，受歡迎又賺到翻的人氣牙醫往往不是資優生，卻相當懂行銷概念，擁有明星般的領袖魅力，有辦法讓病患和員工不得不愛他們。讓人第一印象中就喜歡、信任你，進而願意當你的病患，是牙醫非常重要的特質。當然如果今天應徵的是Google工程師，那麼所看重的條件可能又另當別論。

與眾不同的魅力

美國每年牙醫申請人數年年暴增，例如ＮＹＵ牙醫系在二〇一六年就一共有四千五百位學生申請，卻只能搶三百七十五個名額。朋友亨利曾在壽司店工作，他面試牙醫學院時親手做了一本集結自己所做的壽司作品集，讓主考官知道他的手不但可以做出精緻美味的壽司，也能學習牙科手工吃重的技巧，讓主考官嘖嘖稱奇，後來也順利錄取。

我在面試時遇到一位來自美國南方的棕髮正妹，在全場一片黑壓壓的西裝裡，她穿著香檳粉色套裝，戴上同色帽子，配上一條高雅舊式的珍珠項鍊，面試都還沒開始就已經獲得全場目光。如何有效的行銷自己的優勢和無可取代的特點，好讓別人記得你，在眾多佼佼者當中脫穎而出，是每個申請人的一大課題。

適合比優秀更重要

面試好比第一次約會，郎才女貌、門當戶對的男女表面上或許相配，但有沒有化學反應才是重點。這份工作或學校適不適合你，只有自己能發現，如何投其所好，緊緊抓住面試者的心也是非常大的臨場考驗。

以NYU為例，其坐落紐約市區，學校本身從經營管理到教學環境都非常紐約，好聽一點是訓練你自主性強又獨立，難聽一點就是放你自生自滅。如果你屬於任何事都需要有人牽著手、小心翼翼踏過碎石子路的學生，就不太適合這裡。硬要改變自己去迎合學校的風格，就是拿石頭砸自己的腳，就算真的進去也會痛苦萬分。因此在面試的戰場上，不一定是成績最優異的贏，往往是和主考官最聊得來的申請者雀屏中選。

吃飯不只是吃飯

一一通過主考官的題目後還沒完，有時面試還會延伸到餐桌上，再次確認你有正常社交能力。這種飯局其實都吃得不太輕鬆，如果不懂餐桌禮儀，邊說話邊噴菜渣，或含酒精飲料下肚後開始胡言亂語，都是會被扣分的狀態。說穿了，這頓飯不過是另一種型態的面試，甚至有些工作在進行面試晚餐時還會要求攜伴參加，好讓他們面試你之外，也面試你的另一半，確認他不是怪咖，或在家有隻母老虎整天等著吵架，連帶可能影響你的工作狀態。

我人生的第一次面試獻給了ＮＹＵ牙醫學院。記得當初第一次到紐約，也是我人生中最緊繃的一天，我站在一棟棟大樓堆砌的都市叢林間，穿著全黑套裝攔了一輛小黃去面試。我的主考官是非常親切的亞裔美國人，曾來過臺灣，對寶島美食念念不忘，在輕鬆的氣氛下，問題也沒有特別刁難。但我依然記得面試結束後，我踩著高跟鞋走在第二大道上，面對灰色水泥牆，暗自祈禱剛剛表現沒有太爛或講出什麼傻話，能如願來

我對紐約的第一印象，就是一座黑灰白組成的都市叢林。

到大蘋果念牙醫。那忐忑不安的心情，至今回想起來還記憶猶新。

兩個月後，我收到ＮＹＵ寄來的錄取信，就此展開我的牙醫生涯。那灰濛濛的都市叢林，成為我待了八年的家。

不只一份工作的雙棲動物

「真正展現我們自己的，是我們的選擇，
而不是我們的才能。」

——JK．羅琳（J. K. Rowling）

在NYU念牙醫時，一位教授斬釘截鐵告訴我：所有人——包括他自己在內——都一定會在人生的某個時刻去找事業的第二春。問他為什麼這麼說？他唯一的理由就是：「因為你也明白，當牙醫真的太悶了，這樣過一輩子絕對不行。」當初聽到這段話時，我還處在學科、術科的水深火熱之中，只想說現在拚死拚活不就是為了當牙醫，而也還真的喜歡當牙醫，就因這「悶」字而轉換跑道，除非我是神經病？

正如所有的莫非定律，我在畢業後幾年開始寫文章、寫書、出書，牙醫身分之餘多了一個作家，不小心找到事業上的小三，還愛得無可自拔。看診下班後的生活多了寫作這項職業，成為同學們眼中的神經病。

雙棲動物誕生

千禧世代的工作觀和上一世代大不相同，令人稱羨的工作不再是事少錢多離家近，而是可以擁有彈性的工時，最好能讓你到處旅行。我和長輩提及我的職業時，往往會因為我是牙醫而得到認可，千禧世代的年輕人卻對我的牙醫身分無感，反倒會因為知道我是旅遊作家而向我打聽工作之道（即便我一再強調光靠寫作的收入其實吃不飽）。或許這也反映出新一代的價值觀：喜歡多重選擇，不愛被束縛，連吃間餐廳也要先用APP查詢附近的五十間餐廳；用約會軟體滑左滑右，同時和十幾個人聯絡，再選幾個出來。

同樣的概念似乎也能運用在職場上，最令人稱羨的職位不再是能拍好老闆馬屁，在一家公司待到最資深，始終如一的員工。而是生活不是只有工作，能培養下班後的興趣，甚至延伸出另一個事業的雙棲或三棲動物。

傑瑞是我閨蜜的男朋友，他白天是金融分析師，晚上和週末則是名攝影師，專長是攀岩登山，並且在過程中捕捉那些可媲美電腦桌布的風景照。對他而言，金融業是為了繳房屋貸款，攝影師則是他的興趣與熱情，傑瑞兩個都放不掉。

我的另一位閨蜜軒兒，白天是Netflix集團的稅務律師，下班後則拾起另一重身分——和她的老公一起經營線上珠寶網站，從聘請模特兒，選購珠寶、處理客戶訂單……全都自己來。雖然辛苦，但軒兒和老公甘之如飴。

醫師娘朋友葉子是財務長，同時也是調酒和品酒師，在取得相關執照的同時也一併開了網站，推薦自己所愛的好酒和大家分享。

老公C的朋友愛德華是位麻醉科醫師，卻一直對做生意很感興趣，在當住院醫師時和健康食品公司的龍頭接觸，誤打誤撞之下開始兼職做健康食品類的相關業務賺取外快，一年的薪水比當住院醫師還要多。現在愛德華已是麻醉科主治醫師，仍繼續以醫師身分參與不同的健康食品創業計畫。要他只當麻醉科醫師，和其他醫師一樣按部就班，根本會要他的命。

雙棲動物的特性

正如愛情與麵包有時只能二選一，事業和興趣似乎也是如此，兩者能同時並存的機率少之又少。過去的年代，長輩總愛鼓勵孩子走入某些光鮮亮麗的事業，最大的原因不外乎是優渥穩定的薪水，畢竟興趣雖然能讓人生充滿熱情，但拿來交房租通常還差那麼一點，兩者都不想放棄的雙棲動物們就此誕生。仔細觀察跨越不同行業的雙棲動物，他們在自己本業裡或許不是最頂尖、賺最多錢或最積極進取的那一位，但和他們聊天通常也最不枯燥無聊，在社交場合中不會除了工作一無所知。我問過他們對工作的定義，他們的答案都類似：與其用生命和血汗去換來在職場更上一層樓，或礙於同儕壓力得在既定專業裡不斷往前衝，他們不希望衝到最後，除了那一項專業，其餘什麼都沒有。雙棲動物希望對生命保有熱情，錢不一定要賺最多，但不能犧牲生活的品質，以及追逐其他興趣的時間。

雙棲動物中的佼佼者莫過於能夠將這些興趣扶正，我就曾經遇過一名編劇艾琳，從小到大就愛寫故事，即便一直都沒有受到青睞，為了養活自己必須在一般公司當上班族，只能利用下班時間寫作，想辦法圓夢。就這樣過了數年，身為日裔美國人的艾琳所創作的劇本，在好萊塢大導演拍攝二次大戰戰爭片時被選中，就這樣辭去工作，開始全職的編劇生涯。電影完成後，艾琳的作品還被奧斯卡獎提名為最佳編劇，雙棲動物最後終於有能力將自己的興趣變為真愛事業，堪稱最美好的結局。

傑瑞不但身兼兩份職業，專長還是攀岩登山，圖為他到中國亞丁登山。（圖／ Jerry Puts Photography 提供）

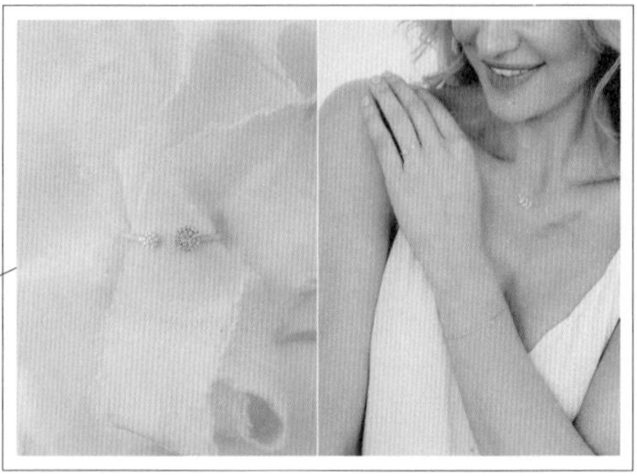

律師軒兒晚上經營線上珠寶網站。（圖／ Atheria Jewelry 提供）

特色公司文化——矽谷工作樂園

「我們都必須為自己的志向和發展下定義，
為自己的熱情、才幹和興趣努力向前，
而不是因他人的刻板印象，留在原地打轉。」

——雪柔．桑德伯格（Sheryl Sandberg）

矽谷，不只是科技業、創業的代名詞，也充滿天龍人的假掰。能夠支持如此龐大的產業，靠的除了源源不絕的創意，還需要知道如何珍惜羽毛，愛護員工。舉凡Apple、Facebook、Google、Netflix等矽谷成功企業，對員工的禮遇程度反倒成為另一種引領潮流的工作文化。

辦公室就是遊樂場

Google被財富雜誌《Fortune》評鑑為「最值得為其效力的公司」，同時也是許多大學生畢業後的夢想企業。我第一次踏進位於南灣區的Google旗艦園區，是拜老公C的表妹小潔所賜。小潔是位冰山美人，畢業於柏克萊大學，在Google擔任工程師。小潔在我和C好說歹說之下，同意帶永遠和矽谷科技業沾不上邊的兩個鄉巴佬來開眼界。

大部分的辦公室通常都給人冷冰冰的印象，許多老闆連斑駁的牆壁都捨不得花錢翻新，秉持著能用就好的想法，Google卻打破這個刻板印象，希望給予員工一個好玩有趣又舒適，最好讓你捨不得離開的工作環境，打著「就算不穿西裝，也可以認真做事」以及「工作該是具有挑戰性的，而挑戰性也該是好玩的」等工作名言，在Google辦公室，看不到紐約華爾街金融上班族的一身黑西裝，更多的是一身牛仔褲、T恤配拖鞋。員工的三餐、點心、想得到的各式飲料統統無限供應，辦公室裡設置撞球桌和大螢幕已不夠看，還裝上大型的室內溜滑梯；一整天盯著電腦看對眼睛不好，因此辦公園區內隨處可見躺椅或豆莢小床（Nap Pods）可午睡、小憩；戶外的花圃種滿薰衣草、薄荷葉等香草，員工邊做日光浴邊享受植物的包圍，有助於靈感啟發。

為了確保員工的身心健康，Google也設置專屬按摩師及免費健身房、乒乓球桌、攀岩室、淋浴間等，甚至貼心到提供送洗衣物及理髮服務，並且全部免費。覺得園區太大的人也不用擔心，因為Google提供免費腳踏車，當消遣或交通工具都沒問題。

貼心大方的員工福利

小潔說，Google的上班模式也相當彈性，少了上對下的管理，也沒有一個老闆馬屁拍到底的傳統企業模式。Google的團隊流動率相當大，給予員工二十%的時間，積極鼓勵員工到其他部門摸索嘗試，若因此產生濃厚興趣而離開原先的團隊也是常有的事。不過Google每年都在徵人，新的案子源源不絕的產出，而且毫無慢下來的跡象。

除了破六位數的工程師薪水，當然也不得不提Google體恤員工的好康，包括給媽媽十八週產假、爸爸六週陪產假；若員工過世，接下來的十年另一半可領取該員工一半的薪水；員工需要自我放逐或環遊世界時，也可以請三個月無薪假——如果你捨得離開的話。

我和老公C看得嘖嘖稱奇，甚至一度懷疑自己是不是入錯了行。在Google美其名是上班，某方面來說更像來到大型成人遊樂園。難怪小潔說，許多在Google工作的人三餐都吃員工餐廳，休閒育樂也靠公司提供，人生在公司的時間遠遠超過待在家裡。

矽谷 Google 旗艦 Googleplex 園區。

Google 的員工餐廳。

Google 的辦公室打造了室內溜滑梯，充滿童心。

Netflix 賞罰分明

不只Google的歡樂氣氛，Netflix大賞大罰的工作文化在矽谷也赫赫有名。如果說Google打造了一個讓你不想回家的天堂，那Netflix則希望員工可以有效率的完成工作，盡快回家享受下班後的生活。

Netflix曾經發表過一篇文章，被Facebook營運長雪莉．桑德伯格稱為「矽谷出產最重要的文件之一」。內容講述Netflix的企業文化精髓，包括用高薪聘請員工、不控制員工發展、無限制的員工假期，以及快狠準的開除「樹懶」。

Netflix的律師軒兒指出，不同於Google將大把金錢灑在公司的各種設施和福利上，Netflix則將這些錢轉換為白花花的銀子，直接加在員工薪水裡。Netflix相信，只要他們敢出高於市場平均的薪水，便可以吸引到最優秀的人才。因此，美國雜誌《商業內幕（Business Insider）》就曾報導，發現Netflix的軟體工程師所得比全美同業的平均所得高出五十六％。許多人會因為不滿意薪水而向外尋找機會，等到準備跳槽時，公司才提升薪水進行挽留，因此Netflix會在你打算往外尋找機會前，就先開出已經提升、或高於市場價值的薪水，徹底斷絕員工為錢出走的意願，留住人才。因此，員工的薪水並不是考量待在公司的年資，而是依照員工表現，配合市場價碼來決定。

既然Netflix敢花大錢留住人才，在遇到不合適的員工時，翻臉也跟翻書一樣快。軒兒告訴我，Netflix的面試過程十分小心縝密，怕的就是遇到不合適的員工，員工淘汰率也相對高。主管會在考核時問自己，萬一該名員工要離開，是否有挽留的意願？若沒有，主管會在員工開口求去之前就快狠準的請你走人，好空出缺額來尋找配得上他們福利和薪水的人來接替。那種在一間公司待個幾十年，工作效率卻有如米蟲的員工，在Netflix會被直接淘汰。

能夠留下來的員工，Netflix款待起來也不手軟。只要你需要假期，無限制供應，你敢要、公司就敢給。想生小孩？也非常前衛的給予父母長至一整年的有薪假，這在美國可說是非常稀有。

在矽谷，新興的工作環境崛起，以前認為只要熬到主管職便可以喝茶看報當米蟲，讓底下人勞碌奔波的職場文化在這裡已不復見。公司也從壓榨員工的角度，轉變為想辦法讓員工心甘情願替公司賣命。少了充滿框架的體制，自然能淘汰只想在公司混飯吃的樹懶員工，留下有能力又充滿幹勁的菁英，繼續在矽谷和其他人才一起共事、腦力激盪，不受限制的發揮才能。

Netflix 提供點心飲料，任員工享用。

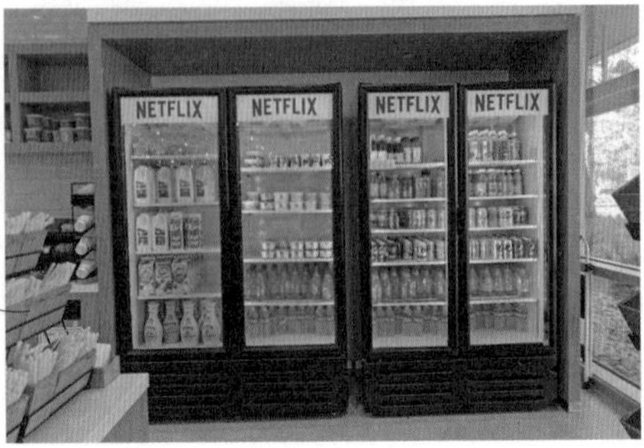

Netflix 公司內部一景。

新一代的美國夢

「美國夢並不代表每個人都得和其他人平起平坐。
美國夢代表每個人都有自由，
去成為上帝要你成為的人。」

——隆納．雷根（Ronald Reagan）

史密斯醫師是從小在美國生長、連中文都不會講的ＡＢＣ，聊天時，他提到自己的夢想很老派也很實際：「我想擁有一棟自己的房子，然後在車庫前面洗車。」

聽到這「夢想」，當時正在吃飯的我噗哧一聲，差點沒把食物噴出來。「什麼跟什麼？能夠自己洗車有什麼了不起？直接去洗車中心請人洗不是更乾淨？省事又省時。」對我來說，時間就是金錢，用一點點金錢換取洗車的人力和時間，相當合理。

「不、不，妳不懂！那是給沒有車庫、沒有自己的房子的人使用的服務。在加州市區有自己的房子是多麼困難的事啊，而且能夠有自己的車庫更是天價！在自己買的房子前面洗自己的車子，就表示you did it! 這才是美國夢。」

沒錯，想在加州好區買一棟房子，除非願意住在加州鳥不生蛋、方圓五百里連個超市都沒有的地方，否則難上加難，動輒上百萬美金不說，買房還得用搶的。

史密斯醫師因父母的幫助而不用背負高額學貸，已經算是醫師中少數的幸運兒，但即便如此，三十二歲的他如今還是無法以自己的資產在加州購屋。他的想法很傳統，「想在市區買房」這席話更經常從我父母那一輩的人嘴裡聽到，我甚至懷疑他和我不是同輩人。

史密斯醫師所描繪的是上個年代的美國夢，通常也是大家心中的刻板印象：有車有房，娶個老婆加兩個小孩，旁邊再站一隻黃金獵犬，就是一幅完美的圖畫。更深一層來說，工作最好找大公司，以安定、保守的工作為佳，有福利保護全家人一輩子。在一個地方工作越久，表示你是越可靠的員工，離升遷和福利又更靠近一些。

美國夢的萌生和幻滅

「美國夢」這個名詞解釋曾出現在一九三一年的《美國史詩》一書中，意指在美國可以實現任何夢想，儘管先天條件有所不同，但每個人都能展現所長，變得更富有、更完整，總之就是充滿無限可能。最明顯的指標不外乎是「下一代比上一代更有錢」，不只是外來移民都抱持著這個夢想，許多美國本地人也是如此。

《紐約時報》曾有一篇文章〈美國夢的定量分析（American Dreams, Quantified at Last）〉指出，大部分的人會下意識的以父母的經濟水準或財力為目標，或者以能夠超越父母為前提。一群經濟學家做了一個有趣的深入調查，以匿名的方式收集數百萬份的歷史報稅資料，審查美國各個世代是否真的變得比父母更有錢，看看到底有多少人真正實現了「美國夢」。

根據調查，在二戰過後，美國經濟起飛，高達九十二％的人變得比父母富裕。對於這一代的人來說，實現美國夢幾乎是必然的結果；五〇到七〇年代，經濟成長速度慢慢下滑，仍有七十九％的人比父母富有；但自八〇年代以降，貧富差距越拉越大，數字迅速下滑，今日幾乎只有不到一半的人，有可能超越父母的經濟能力。

而千禧年代出生的年輕人呢？雖說他們的資料還不夠完善，但可想而知，這個數字正持續下滑中。要實現當年的美國夢，已經是越來越不可能的事。

新一代的美國夢

上個年代的美國夢正在凋零中，我在矽谷當牙醫時，病患大多是年薪破百萬的工程師，也是人們眼中的菁英，薪水雖說充裕，但仍趕不上房地產上漲的速度，即便學貸還完，工作一輩子，除非是靠爸靠媽族，依然難有能力在加州買一棟位於好區的房子。更不用提那些中產階級或勞工階層，整日辛苦的打拚，負擔高額的日常開銷已很吃力，讓他們很肯定這一生基本上和購屋無緣。

共享經濟崛起，更讓「有房有車」這件事顯得越來越不重要，畢竟那會讓你只能侷限在一個地方。誰知道買房後，會不會下個月在另一個城市找到更合適的工作？二〇〇七年，美國房地產的全面崩盤大家還記憶猶新，先不說銀行借貸非常不順利，能夠負擔得起的地方又是窮鄉僻壤，再說，誰知道買了房子後房屋價值會不會下跌？還不如租房子更自由輕鬆。

加州的聖瑪莉諾區
房價高昂。

對新一代美國人
而言，美食和美
景的價值遠勝於
名牌包。

於是，新一代的美國夢崛起，與其安定，他們寧可選擇自由；與其仰賴同一間公司直到退休，他們寧可選擇自己有興趣、願意一起打拚的夥伴。賺足房屋頭期款不是首要目標，而是找到自己喜歡的工作，最好能彈性上、下班，可以更自由的支配時間。

存錢買名牌包，像《慾望城市》的凱莉那樣擁有一大櫃的鞋子已成過去式，畢竟工作不喜歡隨時可能得換，一大櫃的鞋子搬起家實在太麻煩。現代美國人熱愛收集的不再是物質上的擁有，而是一個值得讓你打卡上傳的經歷。我問過身邊的助理小妹和許多年輕人病患，會為了什麼而存錢？他們的答案包羅萬象：去一段很長時間的旅行、吃一頓米其林大餐、喝一瓶幾十萬的紅酒、去搭頭等艙，甚至是隆出讓自己滿意的雙峰……我還真沒聽過他們為了買房而存錢。有些人說新一代的年輕人是享樂主義至上，但在我看來，倒比較像是收集令人稱羨、最好令人嫉妒的經驗。炫耀自己擁有一間房子的人越來越少，反倒是炫耀自己出走過多少個國家，更受大家歡迎。

對新一代美國人來說，比父母更加富裕已經是遙不可及的夢想，與其投資在一個看不見的未來，倒不如好好享受現在的生活。他們或許永遠也無法累積父母至今擁有的財富，但至少可以自由追逐想要的夢想，那夢想還可以每年修正，盡情擁有萬般的選擇和自主的權利。

或許這，才是新的美國夢。

3

PART

在美國當醫生，和美劇演得不一樣？

在美國生了病？祝你好運！

「在所有形式的不平等中，

美國醫療制度下的不公義是最不人道也最駭人的。」

——馬丁．路德．金恩（Martin Luther King）

醫療體制的不平等

美國憲法保障人人平等，不過在醫療制度之下，病患卻沒有平等可言，這與美國保險有很大關聯。假設拿的是政府保險，不花你一毛錢，那就要有心理準備，願意幫你看診的醫生不會太多。以最常見的洗牙來說，好的保險會給付牙醫四百美元（約臺幣一萬兩千元），爛的保險可能只會給付連開銷都不夠的五美元（約臺幣一百五十元）。因此在美國，平平是洗牙，四百美元那位病患所得到的待遇和時間絕對遠勝於五美元的病患。而且願意接受這種恐怖保險的醫生，不是素質或學經歷有待加強，要不就是剛出道、沒有其他病患可看（看病當做善事的佛心醫師不是常態，就不在此討論範圍內）。

醫生也不是省油的燈，在出道幾年、營業額穩定之後，大部分醫生會直接剔除爛保險，只留下好保險的病患，想看指定醫生就得摸摸鼻子自己花錢。還沒踢掉爛保險的診所，有時候也會做點小動作，假設診所的生意忙翻天，精打細算的老闆娘就會將某些病患排到最後，讓他們一等就是好幾個小時，好保險的病患則可以優先看診。

好（貴）的醫療保險才能上天堂

即便在美國找到不錯的工作，公司提供保險，也不一定能雞犬升天。美國保險有夠複雜，保險中分保險扣除自付額（Deductible）和部分負擔費用（Copay）。假設你的自付額是一千美元，那麼你在看醫生時，頭一千美元是從自己口袋裡出，超過一千美元的金額才由保險公司負責。萬一你是身體健康、頭好壯壯的青年，看一年醫生也看不到一千美元呢？那麼即便你每年交保費，也等同沒有保險一樣，因為在一千美元內完全是自費；而部分負擔費用是每次看醫生時另外要付的金額。

因此簡單來說，每個月繳的保費越高，則自付額和部分負擔費用越少，保險越好，能夠選擇的醫師範圍就更大。也難怪根據美國CNBC電視臺的數據，美國人付的保險費每個月為三百二十一美元（約臺幣九千七百元），有家庭的則是八百三十三美元（約臺幣兩萬五千元）。千萬別嫌這價格貴，如果你不幸沒有保險，光看一次家庭醫生的平均自付診療費是兩百美元（約臺幣六千元），這還不包括任何手術或藥物的費用。若由專科醫師會診金額則更高。

反觀臺灣大醫院常常有許多阿公阿嬤，一個早上掛十個不同科別，看頭看腳看心臟，這種情況在美國不會發生，因為在看完之前，病患通常會先破產。

預約掛號等三週是基本

假設你在美國混得非常開，有保險也找到醫生可以看了，是否哪天心血來潮就能直接往門診衝呢？——絕對不是。撇開某些亞裔診所願意給病患彈性空間，在美國大部分診所統統需要預約掛號，預約等待時間從兩、三週甚至到兩、三個月不等。我在NYU時，某次慢跑跌倒出血，後來慢慢發炎腫痛，於是預約了曼哈頓的診所，卻被告知大約兩週後可以看。後來才托遠房親戚的關係，在法拉盛（Flushing）的家庭醫師那裡掛到號，被檢測出來是蜂窩性組織炎。他說如果我再慢一點就醫，細菌可能會蔓延到扁桃腺，更別提如果是更嚴重的病情，真照著美國就醫SOP走，不少病人大概就直接掛了吧。

假設你運氣很好，等兩、三週後沒有掛掉，順利看到醫師，醫生開了藥並另外約了時間複診，你還得去有收你保險的藥局再次掛號、領藥。臺灣許多醫院都是當天開藥、當天拿藥，但美國醫藥分家非常清楚，通常得開車到藥局，交出藥單，順利的話等半至一個小時就能拿藥，否則有時候還要等上幾天。

屁股癢也去掛急診？

可能你會說，不然去急診室好了，但除非心肌梗塞或斷手斷腳這種真正急症問題，否則大多數急診病患一等就是五小時起跳。美國急診室是個非常有意思的地方。許多生活較困苦或收入較低的人，知道政府提供的保險爛到不會有醫師願意為他們看診，因此他們的因應對策就是去急診室，畢竟急診室必須收所有的病患，對這些低收入、領政府補助的人來說，急診室是政府（更嚴格來說是全民）買單的地方。我在紐約布魯克林區當牙醫時，就親眼見過病患來急診室驗孕（因為驗孕棒要十美元）；屁股癢（想指定護士幫他抓）；有點累（這年頭有誰不累？）；藥吃完了（一定都是吃到一粒不剩那種）；甚至還有不舉的問題也來急診室（畢竟這對男人來說跟天塌下來一樣）……這些非急症病例也連帶影響了急診室的看診效率和速度。如果你不幸得去急診室，就必須有天大的耐心，並有夜臥急診室的心理準備。

造福民眾、苦了醫護的臺灣健保

每次在新聞上看到臺灣病患如何抱怨醫院或健保，我都在太平洋的另一頭大翻白眼。

雖說我不認為健保體制就是好棒棒該推崇，畢竟它爽到了病患，卻將痛苦建築在剝削醫生和醫護人員的福祉上。人類都是貪得無厭的，在這樣以病患為中心的制度下，難免養出一群刁鑽奧客。我很歡迎這些奧客來美國看一次醫生，會立馬覺得臺灣的醫療環境和制度，根本是病患的天堂。

我和老公C在東南亞度蜜月時，C被蚊蟲咬傷導致發炎，回臺灣時立馬帶他去看醫生，從掛號、看診、拿藥，全程兩小時內搞定，讓C對臺灣健保的便利和效率嘖嘖稱奇，即便要支付外國人自費費用也心甘情願。從此之後，C對寶島最大的印象不是美食，而是方便到不行的醫療制度。

也難怪我的臺灣人病患若真正需要做大手術，都會直接搭機回臺治療。他們說，一方面怕還沒等到看醫生就先掛了，另一方面，在臺灣治療外加機票錢，都抵不上美國醫療費用的零頭呀！我想大家的想法都很一致：在美國不是不能生病，只是你家最好要富到流油。

就醫文化
大不同

「一個國家的文化，

永存於他的人民的心和靈魂裡。」

——甘地（Gandhi）

前文提到美國診所等到地老天荒的「完全預約制」，對於習慣臺灣便利醫療的人應該覺得相當衝擊。其實很多人得知我在美國當醫生時，第一句話總是問我：「妳是不是只看華人病患？我親戚朋友同學跟我說，去國外當醫生，老外根本都不可能給你看，只能做華人生意。」

有這種想法並不奇怪，根據美國醫學院協會的數字指出，在美國，亞裔醫生占所有醫生比例的十二．八％，其中華裔又占其中的十七．四％。這些華裔醫生有些可能出生自美國，本身不太會說中文，因此真正會說中文、能看中文病患的醫生，實屬少數。

近年來因中國移民大量湧入，中國已打敗墨西哥成為新移民的最大比例五十二％。這一塊大餅乍看之下對會說中文的醫生是一大福音，因此得以在美開業時，常以華人生活圈為主的中國城或新移民聚集的舒適圈為主要選擇區域。

華人的生意很難做？

我在牙醫學院時，對能夠服務這些飄洋過海來到這塊土地的新移民一點也不排斥，很高興能為人生地不熟的華人同胞盡點心力。但後來有一些工作經驗後，才領悟到一個小小殘酷的事實，那就是如果可以，華人醫生不怎麼希望看華人病患。

一位在美國經營多年牙科診所的牙醫就曾幽幽的告訴我：「如果可以，建議最好不要做華人的生意。」她停頓了一下，「不是我不想看華人，實在是因為跟老外比起來，華人的錢更難賺，病患也更難服務。到最後，雖說我的診所位於中國城，但大部分病患都是老外，華人病患越來越少，但我反而越來越輕鬆。」

不只是她，在這個圈子打滾陸陸續續也聽到不同聲音，什麼生意都好做，但華人的生意很難做。在我經歷替華人老闆跟非華裔老闆工作的經驗後，慢慢也摸索出一些門道。文化差異帶來價值觀的不同，造就病患對醫生有不一樣的期待以及不同的醫病關係，而在美國醫療系統之下，服務華人病患相對更常遇上難關。

喜歡沒預約就上門

在雅凱迪亞區[5]開業的小兒科醫師喬治移民得很晚，開業時已年過四十五歲，診所主打的就是做華人生意，可以和病患講中文，平時講英文的機會反而少之又少。他的診所大部分病患不太喜歡預約掛號，小孩要看病都直接殺來找醫生，掛號純粹是個形式。

大部分華人總有個心態，生病來看醫生，今天說什麼就一定要看成，導致預約看診的病患通常也很難真的在預約的時間看診，因為診所必須消化臨時跑來的病患，反讓預約病患等待。有時即便預約了時間，也會遲到半個小時，被拒看還會大發雷霆。診所公告七點下班，卻有很多病患會在七點來要求看診，下班時間很常拖到八點以後。

直到我在非華裔診所上班後才發現，美國的醫療系統表定七點下班就是七點，即便病患六點半後來要求掛號，也會被醫師拒絕，診所工作人員和醫生都能準時下班。而如果在預約時間過後十五分鐘內沒有到達診所，無論什麼理由，一律拒絕看診，得重新預約，有些診所甚至會扣病患錢。理由是為你安排時間，診所得支付開銷、水電、醫師和助理的薪水，你沒來看診，必須要為這些開銷負責。

我問喬治醫生，沒有人在華人區試著用預約掛號的模式嗎？他說：「有是有，但那幾家的風評就不好，連經營都快成了問題。」

有開藥才叫看醫生

華人觀念認為，吃藥有病治病，沒病強身體。在中國城開業的醫師娘克莉斯汀告訴我，做華人生意，無論怎麼診斷都最好給他們開藥，或至少有某種程度的治療。

5 Arcadia，洛杉磯的華人區。

老外很少看醫生，他們認為預防勝於治療，能不吃藥盡量不吃，感冒發燒盡量讓身體的抵抗力戰勝，頂多去藥局買個退燒藥；華人則習慣大小事都要找醫生，如果你只告訴他病會自己好、不用擔心，他會再去找另一家診所，一直到找到願意為他治療、開藥的診所。而且從此以後不會再光顧你的診所，認為你不認真又懶惰，因為你什麼都沒給。

最常聽到華人病患抱怨：「為什麼你只看五分鐘，什麼都沒給，卻要收我一大筆錢？」忽略了一位醫師的養成需經過十年的學習和訓練，彷彿這一切根本不值錢，醫師的價值來自於替他們做了什麼事，無形的專業判斷和診斷治療則統統不算數。這樣的情況也導致許多華人醫師為了讓病患開心，即便不需要開藥也得隨便開些什麼安撫病患，只為了不流失這樁生意。

看病三家不吃虧

某些華人病患有貨比三家的習慣，像在菜市場挑菜，一邊討價還價一邊說某某診所多少錢，為什麼不能收取同樣費用，最後往往選一間最便宜的，是不是好醫師不是重點，能不能給他便宜的價格最重要。因此在客群以華人為主的診所，通常不太裝潢（因為要錢），不太乾淨（因為請人打掃要錢），診所人員請得極少（因為要錢），甚至是一人

一個醫師的養成耗時耗力耗財，成為醫師後仍需自費進修，圖為我到西雅圖進修上課。

診所，醫生身兼打雜、打掃、助理、祕書。價格便宜到可說是削價競爭的地步，搞到最後不少專做華人生意的診所也紛紛隨之倒閉。

健保真是小確幸？

很多人在美國看醫生，第一是嫌貴，第二就是嫌不方便，緊接著就把臺灣健保捧上天，我不禁懷疑，有「人民小確幸」之稱的臺灣健保，剝削的是醫生的薪資和薪水，醫護人員被血汗醫院虐待，背後很多道不盡的辛酸是一般民眾看不到的，這樣單方面的獲益，長此以往絕對不是好的循環。

美國沒有全民健保，因此醫療費用高昂，而且一個美國醫師的養成需付出貴鬆鬆的學費成本，加上六到八年的住院醫師訓練，薪水扣掉貴鬆鬆的稅和昂貴的開銷後，還得自掏腰包進修專業課程才能拿到執照看診，也規定必須不斷進修，才能夠維持執照。要養成一個醫生需花費如此多時間、心力，診療費當然要求有對等的報酬。在美國看醫生之所以要嚴格控制看診的時間、強調預約這些乍看很嚴苛的規定，卻是為了保障其他病患和醫護人員的權益，防止過勞。換個角度想，讓一個時間充裕、精神飽滿的專業醫生為自己診斷，才是最安心的吧。

一個醫師的養成，有時還有醫師娘

「所有實習醫生都會犯錯。

最重要的是不要犯同樣的錯，

也不要一次犯太多錯。」

——薩繆爾．沈姆（Samuel Shem）

大多數人對醫師娘的刻板印象，不外乎是身上配戴豪華的鑽戒首飾到診所去數錢。即便在現今臺灣健保體制下，醫師的生活品質迅速下降，過勞新聞層出不窮，但「嫁醫師等於嫁一個金飯碗」的觀念似乎仍然存在。這種想法在美國也差不多，甚至有人出書教你怎麼當醫師娘、有朋友拜託我介紹醫生同學，也常在聊天時聽到別人說：「早知道當初我就╳╳〇〇，今天就嫁一個醫生了。」

一個醫師的養成確實非常不容易，投入的時間、心力甚至金錢都不是一蹴可幾的。我就以身兼牙醫師和醫師娘的雙重角度，分享一下美國醫師養成的漫長之路，以及千百種有趣的美國醫師娘文化（以下討論不包含牙醫藥師或其他泛醫類職業，而是以一般醫師為主要探討對象）。

搶破頭的醫學院申請（Pre-Med Student）

在大學主修泛生物系的新生裡，有一半以上的學生都想從醫。這些新生會互相瘋狂廝殺：搶教授、搶實驗、搶志工缺。除了成績必須頂尖，還得花時間念醫學院入門考試MCAT，為了準備這個考試，一個月足不出戶、連鬍子都沒空刮的大有人在。

如果妳在這個時候交了一個號稱「以後要當醫生」的男朋友，建議聽聽就好。進醫學院的門檻之高，是從醫之路最難過的一關，那些嚷嚷著要當醫生，理由還是老梗的說想要救人的，在大二時會少一半，大三、大四正式申請時再少一半。

除此之外，除非身為強中之強者，有資格挑選學校，不然大部分正常人只有學校挑你的份。即便學校位於鳥不生蛋的荒郊野外，為了當醫生，咬牙也得去！若不小心大學就跟男友互訂終身，絕對要做好四年遠距離戀愛的心理準備。

充滿夢想的醫學院（Medical Student）

過五關斬六將，終於進入醫學院後，終於可以放鬆一下。醫學生通常早上上課或去醫院見習，下午念書，晚上睡覺，過著日出而作、日落而息的規律生活。見習時跟在住院醫師屁股後頭，偶而會被叫去做些吃力不討好的差事，比如打電話給保險公司、替病患做肛門檢查。除非資質太差或惰性超高，不然很難在醫學院裡被當掉。相反的，因為評鑑一所醫學院的品質最主要是看學生畢業後在哪當住院醫師，因此學生申請住院醫師時，醫學院都會想辦法助你一臂之力，

醫學生的心態與生活圈相對單純封閉，見過的世面少，醫療體系之外的事可能一問三不知，也還沒受到社會的壓榨跟洗禮，對這行尚有憧憬，也還沒有當醫師的大頭症，

談場戀愛還是挺愉快的，也會有相對較多的約會時間。不過千萬別認為他們很有錢，根據美國醫學院協會的調查顯示，八十四％的醫學院學生都有學貸。若念私立醫學院，平均學貸近三十萬美元（約臺幣九百一十萬元），公立則約二十三萬美元（約臺幣七百萬元），還要另外加上利息。而這時候的準醫生們一毛錢都還沒開始賺。

苦哈哈的住院醫師（Resident）

實習醫生的第一年平均薪水約五萬一千美元，之後逐年遞增，這個薪水在美國扣掉稅和房租、剩下的生活費所剩無幾，吃不飽也餓不死，要存錢還有困難。不過和臺灣相比，美國的住院醫師（俗稱R）已經幸福很多，有一週八十小時工時的保護以及三到四週有薪假，讓醫師能適度的休息。

R的實習日子三到七年不等，也是龐大醫療體系下的小螺絲釘，上級的走狗，沒有享樂的權利，價值比一隻小螞蟻還不如。

值班是家常便飯，一個星期找不到人實屬常態。如果在這個時期和他們交往，會覺得他們是世界上最糟糕的男友，常鬧失蹤，約會時有氣無力，永遠睡不夠，忘了妳的生日或紀念日，並且異常的憤世嫉俗。我有個醫師娘朋友在這個階段差點把老公休掉，把孩子帶走，因為老是見不到老公人影，自己彷彿偽單親媽媽。雖然老公不是偷吃也不是不愛她，實在是水深火熱、自顧不暇，這時醫師娘除了忍耐一條路，別無他法。也難怪很多人會選擇在當R之前結婚，否則有不少戀情會在這個時期被扼殺。

開始規畫未來路的次專科訓練（Fellow）

美國的醫生以專科為主，有七十％左右的醫生會選擇走專科路線，而非家庭醫師科，說好聽點是因為興趣，講白一點是錢賺得比較多、不用在第一線面對家屬病患等繁瑣雜事。

專科裡又有更專精的次專科，如婦產科的不孕症專科、內科的腫瘤科，次專科訓練一到四年不等。雖說次專科訓練時的錢一樣是賺少少，但大部分醫生會把次專科訓練選在打算長久安定下來的地點，心情上也比R放鬆，畢竟瑣事通常都有底下人頂著。

修煉成精的正港醫師出爐（Attending）

經歷被前輩羞辱、被病患欺負、被護士排擠、被醫院壓榨等各樣鳥事後，醫生終於完成訓練，成為可以獨立執業的醫生。非專科醫生年薪平均十八萬美元（約臺幣五百五十萬元），專科醫師二十八萬美元（約臺幣八百五十萬元），雖說一大部分要先拿去還貴鬆鬆的學貸，但其他薪水拿來過日子還是綽綽有餘。

假設醫生相當優秀，大學畢業後直接申請到醫學院，醫學院四年、實習抓個中間數五年、再做兩年次專科，等真正拿到第一筆醫師執照的薪水時，這位醫師至少已三十三歲。也就是說，人家當工程師的都大學畢業十來年了，他才真正賺進第一筆像樣的薪水。而一個陪伴醫師走過前述這些時期的醫師娘，不但可能需獨自面對生養小孩的重責大任，也可能得賺錢分擔開銷，等老公終於能夠執業的時候，醫師娘才算熬出頭了。

不同型態的醫師娘

正式成為醫生後，若還未婚，有錢有閒的他們才會開始想找個伴。通常醫師們的另一半有幾種類型：

第一種是替代率頗高但非常好找的花瓶型，外科系尤其偏好這種。這種醫師娘，奶子比腦子重要，而且年紀不能太大，一定要懂得打扮，精緻的妝髮配上搭配得宜的名牌，平偶爾出席一些慈善拍賣會的場合。醫師只要給她一張信用卡讓她穿美美的上街血拚，平常會在家帶小孩、做家事，必要時也能擠乳溝帶出門，炫耀一下老子有個辣妻，讓眾人

老公C的專科訓練畢業晚宴，是大小醫師和其伴侶群聚一堂的盛會。

稱羨。

第二種是知性智慧型。這類醫師娘不一定是絕世大美女，但擁有自己的事業，能在聚會中聊電影、工作或現今新聞大事。這類型醫師娘的比例在我的醫生朋友圈中迅速竄升，她們從事的行業不一定和醫療有關，但絕對有內涵深度，不但讓醫生在社交上加分，也能滿足心靈需求。

第三種是相夫教子型。根據我的觀察，這類醫生娘之前也可能有自己的職業，但因生兒育女、步入家庭，反正老公早晚都會賺大錢，乾脆直接當全職媽媽，看到她親手為老公帶的愛心便當比看到她本人更頻繁。不過，她們也常會為雞毛蒜皮的小事打給正在上班的醫師。偷偷告訴各位，通常醫生接電話時口氣也不會太好，電話一掛還會跟同事抱怨太太愛查勤，但真的一群人出去吃飯喝酒，她們看起來又像個唯唯諾諾的小媳婦。

最後一種，也就是大家熟悉的老闆娘坐鎮型。這類醫師娘和醫生一同打拚了大半輩子，在老公還沒當醫生前就把他吃得死死的。當上醫生後，薪水和診所就雙手奉上給太座管，在診所裡往往也聽太座指揮。管得好，診所被打理得井然有序；要是管得不好，常會導致員工汰換的速度比換衣服還快，醫生也沒膽開除自己的老婆，導致診所原地踏步，變相的扯醫生後腿。

雖然只是我的一些觀察，但我仍認為，一個男人的職業為何，遠不及你們相愛的程度。希望你愛上的是他的為人，而不是他的頭銜，你愛他還是他的提款卡，另一半絕對心知肚明。與其投資「當醫生娘」的夢想，不如投資自己的學、專業。當你因追尋夢想的眼神而閃閃發光，談到你的專業自信滿滿，那麼不用深似海的事業線，也能魅力無窮。

不過如果擁有發光的事業，又有深似海的事業線，那真的就是人生勝利組了。

CYOA：保護你的屁股

「如果病患不把醫師當神，

也許會少很多醫療糾紛的惡臭。」

——理查德．謝爾澤（Richard Selzer）

在美國當醫生，最重要的事情不是救人（如一般的醫師），也不是救嘴巴（如在下我一個小牙醫），而是ＣＹＯＡ。

「ＣＹＯＡ！這四個字很重要！會救你一輩子，懂嗎？」我的某任老闆小胖斬釘截鐵的告訴當時還是菜鳥小牙醫的我。

「不懂……」我無辜的眼巴巴望著他，就像隻誤闖叢林的小白兔。

「那就是保護好你自己——Cover Your Own Ass！我不管病患的情況如何，也不管你打算做什麼，但碰任何一個病患前，記住：ＣＹＯＡ！保護好你那該死的屁股。」

小胖老闆訓話完畢，拉拉領帶，進診間植牙去。

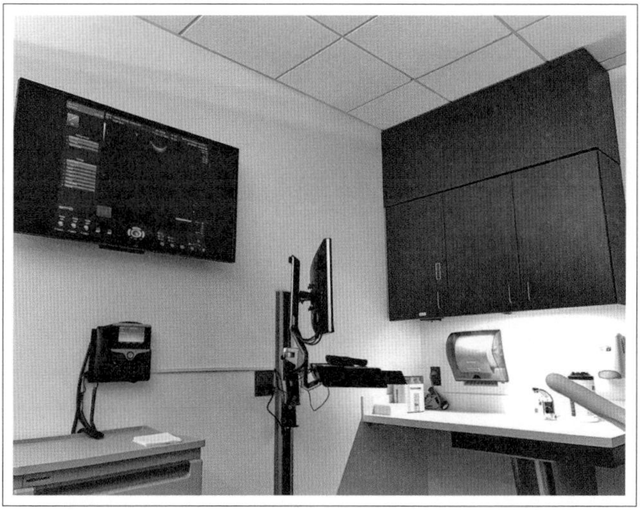

想辦法讓病患愛上你

大學時，我問過很多同學為什麼想當醫生？一半以上的人都告訴我，他們想救人。這個答案既天真又可愛，通常在進醫學院或出社會後，那熱情就會漸漸被利益、現實和所謂的恐怖病患給消磨掉。你會發現，無論你救了多少人，拯救多少牙，有多想要改變世界，即便成為全天下醫術最精湛的醫師，只要沒搞定病患，一樣有可能被告到脫褲。

該怎麼保護我們該死的屁股，小胖老闆植完牙後教了我一套機制，第一個守則就是：讓病患愛上你。

「兵不厭詐，這是戰爭！」髮線微禿的小胖老闆頂著他的啤酒肚說，「你想想，我們當牙醫的，其實就是做牙齒業務。做業務的宗旨，就是無論如何都要讓你的客人死心塌地的愛上你，好讓他們買你的東西！我們也一樣，要是我有曼妙的身材，我一定天天畫大濃妝、穿低胸套裝來上班。讓病患愛上你，進而買你的東西，同時就比較不會告你，懂嗎？」

雖然現實，但小胖老闆說的完全是事實，我不知道遇見過多少被爛牙醫欺負的可憐病患，牙齒被蹂躪得殘缺不全，卻依然死心塌地的愛著他們的牙醫，只因為該位醫生愛說笑話、愛耍帥、會親她的手、會跟她打情罵俏等各種莫名其妙的原因。

「最最重要的，要和他們喇迪賽，我不管你是否真的在乎他們，但裝也要給我裝出一副他們是你的情人，你對他們渾身上下沒一處不感興趣的樣子！」

我知道我不是心理醫生，可牙醫的椅子總是斜躺、柔軟又舒適，如果做牙齒有空檔，就算沒話也得找話說，人人都喜歡被關注、被注視，在對的時間點多問點問題，就會讓病患有「哇，他是真的關心我」的感覺。小胖老闆有時跟病患一聊就是一小時，但在這一個小時裡也順帶搞定了業績，讓病患同意花幾千幾萬美元做牙齒。因此，一位事業有成的牙醫不一定賺最多錢，醫術也不一定最精湛，可絕對有讓病患愛死他的魔力。

搞不定時，踢給專科醫師

「好，這部分我了解，可是即便你讓大部分的人都愛上你，總會有一些難搞的奧客不吃這一套，怎麼辦？」我反問。而且悲哀的是，大部分醫生往往不會記得那九十九位和藹可親的，只會記得那一個讓他惡夢連連的病患。

「這正是我要說的第二點，遇到這種搞不定的恐怖病患，就是善用美國醫療的轉介系統。討厭的病患的錢不賺也罷！直接把他送給專科醫師，他們就是我們的安全網，方便我們踢皮球用的。」

專科醫師（Specialist）在美國非常吃香。以牙醫體制來說，大約七十％的牙醫師[6]會選擇做一般醫師（General），也就是一般牙科，但有三十％的醫生會選擇再另外做兩到四年，拿下專科執照，如抽神經、矯正牙科、口腔外科等。一旦成為專科醫師就只能看該專科的病患，但同樣的手術，專科醫師可收比較高的價位，因為他們的訓練比較多年，更為專精。

由於專科醫師全仰仗一般牙醫轉介病患，逢年過節都會收到他們送來的點心、紅酒，感謝我們介紹生意。雖然正常的病患我們也會介紹，但偶爾難免會夾帶一些瘋瘋的病患。

必要時，請律師出馬

若上述這兩個方法都沒能奏效，最後祭出的第三步，同時也是殺手鐧，便是律師了。此時，牙醫每年付出幾千到幾萬美元不等的醫療責任保險變得萬分重要，為了讓自己哪天不幸需對簿公堂時比較有勝訴的可能，做任何一個手術前，都會讓病患先填長長一串的同意書，上面寫滿密密麻麻的手術副作用或最糟情況，即便發生機率不到百萬分之一。

「假設十個補牙裡，有兩個會牙齒痠，」小胖老闆蹺著腳，語調不疾不徐，「你就要告訴十個病患：做完後不只會痠，還會痛，而且痛一個月是正常的。因為如果做完不痛，他們會認為你醫術精湛、華陀轉世；如果會痛，那他們也不會打電話找你，因為你給他們打過預防針了。」

從某些角度來說，這很像在跟病患玩心理戰，但也因為小胖老闆的機制，診所很少接到有人打電話來抱怨牙齒痛。不但如此，小胖老闆還要求我們把和病患討論的內容都寫在病歷中，即便病例又臭又長也無所謂，畢竟如果真的上法院，醫師當天的手寫病例會是最有力的證據之一。想當然耳，越好的病患病歷越短，那種病例寫滿滿變成一篇文章的病患，通常都是頭痛的奧客。

CYOA保護屁股三部曲，你學會了嗎？

6 牙醫之外的醫師（Medical Doctor）則和牙醫師相反，有七十%會走專科醫師路線。

醫療業是服務業？

「通常在牙醫學院裡，拿 A 的學生是最好的研究人員、
拿 B 的學生是最好的臨床教授，
而拿 C 的學生，會賺最多錢。」

——我的 NYU 牙醫學院某教授

在我生長的那個還沒有全民健保的九〇年代，我常常生病，看了一個又一個的醫生。在我眼裡，醫生有無比大的威嚴，我被教導必須唯唯諾諾的踏進診所，一定要向醫生問好，醫生通常會從鼻孔裡哼出一聲「嗯」，接著心不甘情不願的問：「今天來什麼問題？」醫生的話更是如同聖旨般不敢違抗，若不小心忘了照做，還會在下次看診時向醫生懺悔道歉。

快轉至二十幾年後的今天，醫病關係在悄悄轉變。我自己從病患轉變為醫生，也體會到很多，無論在學校裡怎麼學，都不及社會大學的一課。我很快的發現，當牙醫不只是當牙醫，更多時候，你是病患的心理醫生、發洩對象、臨時翻譯，愛情顧問。最重要的是要認清一點——病患是你的主子，而我們充其量只是病患的口腔顧問，以及討病患開心的開心果。

討好病患，各出奇招

有時候我覺得，與其說我在醫療產業上班，倒不如說在「醫療服務業」更貼切。

在今日，稍稍不小心得罪病患，小至必須貼錢了事，大至病患在網路上留下負評，影響之後的生意。惡性循環之下，如何讓病患爽爽來、爽爽去，成為每位診所醫生的必修課題。

就算被奧客沒道理的指著鼻子罵，還是得按捺想發火的情緒，像電話客服小姐般用充滿磁性的嗓音安撫病患。有的時候內心會有種錯覺：主子沒抱怨是應該的，但只要惹得主子抱怨任何一件事，就統統都是我的錯。

過度想討好病患，導致各個診所都無所不用其極的搶生意。例如在美國的保母費用非常貴，一個小時十六美元（約臺幣四百九十元）起跳，雖說找合適的保母是父母的責任，但有些診所為了給病患方便，A醫生的前檯小姐就充當起臨時保母，在病患就診時負責逗嬰兒開心兼陪玩；B醫生的前檯小姐更是多功能，舉凡幫病患到藥房拿藥、翻譯家裡的帳單、打電話給保險公司爭取手術費用，統統都落到診所員工頭上。

我的另一位老闆C醫生為了吸引顧客留下好評，提出只要給予她正面評價的病患，一律送小禮物；D醫生則在病患病歷上記載了滿滿的非醫學相關資訊，病患家人剛動手術、病患有些焦慮、病患剛訂婚等，每次看診時就可直接噓寒問暖，讓許多病患覺得D醫生真是有夠貼心，居然記得我的生活大小事！殊不知這些都是小心機罷了。

我上班的必備物
品：放大眼鏡、
熱水瓶和水壺。

Google 是醫生的勁敵

而隨著資訊氾濫的網路時代到來，Google大神成為全人類的百科全書，醫生現在不只得討病患歡心，還得與Google上錯誤百出、漏洞數不清的醫療資訊對抗。

我們為了拿到執照，小心翼翼的念書、考試，過五關斬六將的面對術科、學科的國考才拿到學位。醫生給予的臨床資訊也都要經過多方的可信研究背書，才敢形成專業建議提供病患。每年還得花一筆錢去修課，好跟上專業領域的最新知識，保留執照。可是這一切的專業訓練，在某些病患眼裡只有鼻屎大的價值，因為他在Google上得到的資訊更可靠，而且永遠不會錯。

這樣的趨勢不是沒有代價，我就常遇到病患不願意拍X光，一方面不願意付費，另一方面怕會影響身體健康。雖然研究報告指出，口腔的X光片輻射劑量微乎其微，只是身體其他部位拍X光片的千萬分之一，但若病患堅持不拍也不能強迫。

於是那些能在片子上就可以看出的問題，都無法盡早預防或處理，總得等到蛀牙變大或痛到發炎的狀態才得以治療。被非專業領導專業，往往下場就是病情惡化，傷到自己。久而久之，醫生認為要改變病患在Google上所獲取的錯誤資訊實在太花時間，又不是律師，辯論還有錢拿，與其花費時間教育病患，醫生索性在病歷上寫「病患拒絕治療」幾個字來保護自己。

惡性循環下的重心轉移

很多時候，診所著重的也不在於醫生是否有盡心治療或給予病患專業判斷，而是著重醫生的業績，病患的滿意度。時間一久，專業價值好像越來越不值錢，最成功的診所擁有的不一定是精湛的技術，卻有最會行銷的手腕，外加能讓病患開心的醫師。但最終稀釋的仍是醫生的專業，影響的是病患所得到的專業醫療品質。

於是在我們也沒發現的時候，醫療專業悄悄轉變為服務業。醫生被迫放下對專業的堅持，努力在取悅病患和追隨業績的道路上奔跑。我想起我的牙醫系教授說的一段話：「你可以將病患嘴裡弄得一團糟，可是只要他喜歡你，就不會覺得你有錯。相反的，你可以一絲不苟的將病患嘴裡的工作做到完美，可萬一他們不愛你，他們還是會覺得你是全世界最糟糕的牙醫。」

那些我服侍過的老闆們

「一個人首要的財富，便是他的健康。」

——愛默生（Ralph Waldo Emerson）

很多人聽聞我在美國當牙醫，腦中浮現的畫面就是穿著名牌套裝、腳踩Jimmy Choo的靴子，光鮮亮麗的走在第五大道上，走進一間由設計師打造的時尚診所上班，落地窗正好面對中央公園。殊不知，就跟《慾望城市》創造出的幸福結局一樣，都是好萊塢打造的樣板，跟現實生活差了十萬八千里。

把員工當所有物的小胖老闆

剛從牙醫學院畢業，菜鳥牙醫找工作其實非常頭痛，因為紐約牙醫很多，大多數診所都要求需有兩、三年經歷。我寄出十幾份履歷，碰壁又碰壁，才終於得到一間位在紐約法拉盛的診所面試機會。

面試時我很緊張，老闆劈哩啪啦說了一大堆診所簡介，最後只用中文問了我一句：

「妳會不會講中文？」

「會會會！聽說讀寫都會。」我點頭如搗蒜，為了工作，就算他要我一邊背唐詩一邊洗牙我也甘願。

「好，妳考慮一下，想要這份工作就email告訴我們。」

就這樣，我終於拿到了工作。

法拉盛是紐約新興的中國城，以中國移民為主，那裡的房價光是我在紐約工作的四年期間就翻漲了一倍。高樓大廈不停的蓋，據說中國建商都是用足以砸死人的現金買下大片土地，因此房價從來沒有下跌過。且中國移民來美國，九成以上都是做現金生意，領的是現金，用的也是現金。現金交易的好處是不用報稅給美國政府，稅報得少，這些人就能申請低收入補助，醫療保險福利全由政府供給，甚至還會發消費券讓你買菜買牛奶。我就曾看過中國餐廳老闆賺得大概比我多好幾倍，卻可拿到低收入的保險來免費洗牙。不過這些拿低收入保險的中國大哥大姐，現在也成為我的衣食父母。

診所有如破舊動物園

小胖老闆是個中年大叔，長得很像臺灣歌手「小胖」林育羣，想像小胖禿頭、戴眼鏡，樣子大概就跟我老闆差不多。老闆娘是個精打細算的中國人，身材跟老闆剛好相反，骨感修長，眼鏡後的眼神銳利得閃閃發亮，彷彿一眼就能看透人。他倆可說是天生絕配，都是冷血無情、嗜錢如命的搶錢高手。

我可以摸著良心說，小胖老闆是個好牙醫，能教我們的技巧，他也一一傳授，毫不保留。而且老闆專做中國移民的生意，客源有所保證，讓他財源廣進，一年診所的所得都是兩百萬美元起跳。

看到這裡，你一定認為診所想必裝潢得金碧輝煌，可事實恰好相反。診所裡除了一間房間裡有一個差不多Ａ４紙張大小的窗戶外，其他房間全都只有牆壁，如果哪天發生火災一定所有人都死在裡面。光禿禿的牆壁掛著泛黃的海報，就是我們的看診間，每天就像待在牢房裡日以繼夜的工作。

破舊也就算了，這裡還堪稱動物園，紐約常見的動物全部看過，小指這麼大的蒼蠅是我們的好朋友，蟑螂也是定居洗手槽的鄰居。最經典的是我有一次在看一位山東大嬸時，忽然發現眼角餘光有一個小黑影跑過去。還沒來得及反應，嗓音頗大的山東大嬸就大聲說：「哎喲！醫生，妳看，有老鼠……」那「鼠」字話音還沒落，又有另一個黑影奔去愛相隨。

此時我的腦海裡閃過「兩隻老鼠、兩隻老鼠，跑得快」的改編旋律，同時非常想尖叫外加馬景濤式的咆哮，又要想辦法冷靜回應病患。當下實在很想痛罵老闆夫妻檔，賺那麼多錢為什麼捨不得拿一咪咪出來請人維持診所的清潔？一堆錢堆在銀行能吃嗎？花一點費用整頓診所有那麼難嗎？

但我什麼都沒做，剛找到工作、奴性還很重的我，只能淡淡的回應：「喔，對呀，是老鼠沒錯。」彷彿在牙醫診所裡看到老鼠再正常不過了。

醫生是賺錢的工具人

在診所裡，我秉持忍一時風平浪靜的原則，認為很多事只要忍過就好了，不只老鼠，還有薪資。

在美國，通常是每兩週發一次薪水，老闆娘卻是每兩個月才給一次。她整天在診所晃來晃去，名義上是診所經理，實際上是對所有人頤指氣使，叫前檯小姐去接小孩，叫助理小姐去掃廁所。老闆娘容易嘴饞，卻怎麼吃都不胖，在診所裡除了使喚人就是吃東西，常常吃得太起勁飯粒噴到地上，居然直接要求助理幫她撿起來。

老闆娘除了捨不得花錢又愛吃，也很堅持要我們替她多賺錢。一天頂多排十幾個病患，但通常會被老闆娘硬塞到二十幾個，而且都塞如抽神經或做牙套等可以賺錢的長手術。表定六點下班，我們常常做到八點多，甚至連吃中飯的時間都沒有。

老闆娘也在病患分配上動手腳，保險比較好的病患偷挪給老闆，保險比較差的病患就塞給我們。就連他們出國旅遊時還會利用手機監控，只要一看到醫生沒病患，就立刻打國際電話開罵。不過正所謂道高一尺、魔高一丈，我們後來都懂得專找攝影機照不到的死角躲起來休息。

身為賺錢工具，他們在能榨乾你時盡量榨你，沒有利用價值時就毫不留情的把你踢開。真正讓我醒悟的事件，是當我的同事被老闆發現懷孕後，沒多久就以莫名其妙的理由被炒魷魚，這根本明顯觸犯法律，但他們也毫不在乎。

在工作將近兩年後，我的身體狀況開始亮紅燈，每天回家都頭痛和胃絞痛，這才發現他們根本不在乎我的健康，只在乎我能不能替他們賺錢。那些所謂的忍耐根本不值得，於是我決定離開，在他們還沒有榨乾我之前。

但若問我是否後悔接了這份工作？答案卻是否定的。因為老闆夫妻檔的瘋狂冷血，卻凝聚了診所其他員工的團結，沒人會打小報告，大家都互相照應、吐苦水。我在這個診所認識了兩位無話不談的好姐妹，而我的助理和前檯，在我辭職離開的那個晚上堅持替我送行，臨走前他們哭了，我也哭了。

如果說面試就像是第一次約會，工作像談一段感情，那麼在揮別小胖老闆的同時，就像離開一個明知道沒有未來、卻依然令你不捨的前男友。但努力放下這份工作後，我反而豁然開朗，重新找回失去的健康，也因為這「斷捨離」的勇氣，才能遇上下個更適合我的所在。

至少我一直是這麼想的。

被告不怕的老外老闆

俗話說得好，明天會更好，我單純的肖想，任何地方都不會比在小胖老闆那裡差了吧？也許是亞洲人比較節儉、愛省成本，那我替老外工作總可以了吧！現在回想起來，我當時真是好傻好天真，一山還有一山高，外國的月亮沒有比較圓，老外放的屁也是可以臭到熏死你。

第一天到老外老闆的診所報到，發現員工清一色都是「腰束奶膨卡稱頂叩叩」的圓潤身材，臉上卻都面無表情。後來與診所助理聊起來，她們才告訴我，老闆面試員工時對話通常是這樣：

「我和我老婆感情不好，我背著她外遇很久了，她也知道。妳要不要當我的女朋友？」

「妳身材為什麼如此火辣？讓我直噴鼻血。」

「我真喜歡妳又圓又翹的屁股，超級性感。」

「如果妳的態度再淫蕩一點，讓我爽一點，我就考慮讓妳加薪。」

在講究女性平權的美國，我非常訝異他居然沒被告到死，口頭上吃豆腐不打緊，捏屁摸奶都是家常便飯。也因為他肆無忌憚的上下其手，導致前檯助理的流動率相當高，一個月換四、五個是常態，大部分都是受不了被騷擾而離開。看到這裡，你可能會以為老外老闆大概風度翩翩，或至少有一丁點吸引人之處——很不幸還真的完全沒有。老外老闆是個頂著大肚子、頭髮油油，講話油油，但很想抓住青春的尾巴，所以很愛去日光浴沙龍故意把自己晒黑又晒得很不均勻，臉上紅一塊橘一塊，模樣實在有點滑稽的中年男子。

老外老闆不但騷擾員工，連病患也敢性騷擾。他曾經在一號房幫病患上完麻藥後，等麻藥發效的空檔去和二號房病患圈圈叉叉，再回到一號房把牙齒補完，效率之高令人嘖嘖稱奇。但也因他會對病患上下其手，吃了不少官司，每當被性騷擾的病患提告，老闆就會給予免費的牙齒治療。所以只要聽到老闆或他太太在抱怨診所收入太少、沒錢賺時，我都翻白眼心想，你不要隨便亂摸人不就得了。

想當然，在老外老闆底下工作的我看不到明天，就算明天到來，也不一定會更好。

上了金髮老闆的當

在我對紐約的牙醫老闆失望灰心之餘，恰好因為老公C的工作，我們決定一起搬到加州。C貼心的安慰我：「一定是紐約的牙醫老闆太瘋狂，去洛杉磯的話，老闆一定會好很多，畢竟加州太陽大，大家心情好，人也一定比較好。」一聽就知道這話完全沒有科學根據，只是純粹拿來哄我。

遇見金髮老闆時，她正大腹便便，急需用人，因為孩子就要生了，她之前找的人又忽然發現自己得了癌症。金髮老闆說，雖說診所開張才沒幾年，但她一直都有另外找一個牙醫的打算。尤其是她打算小孩出生後將工作慢慢減量，也想藉代班之餘，讓她的病患認識並適應另一位醫師，這樣之後繼續工作也不會太突兀。

試用期三個月，薪水不多，每天還需花兩小時通勤，但金髮老闆說若能和助理團隊及病患處得來，三個月轉正後可以再重議待遇。我想說剛來加州落腳不能太挑剔，而且診所寬敞明亮，十分乾淨，起碼比之前的老鼠窩強得多，因此決定接下這份工作。

金髮老闆長相甜美，雖然懷孕，但愛做瑜珈，線條維持得很不錯。她為人客氣熱情，和任何一個病患都有話聊。由於生性龜毛，做出來的牙齒都非常讚，在醫術方面可說是兢兢業業、無可指謫，也或許是這樣，開業至今她一次都沒被告過。說她集智慧與美麗於一身也不為過——

直到你成為她的員工。

動不動就被惹毛

金髮老闆龜毛到隨便一點小地方都可以惹毛她，病患失約、遲到、沒錢……統統都可以成為罵員工的理由。不知道是不是因為懷孕導致賀爾蒙變化，金髮老闆開始疑神疑鬼，整天監看錄影機，懷疑助理偷她廁所的衛生紙，然後偷偷將捲筒衛生紙藏起來。雖說老闆的雙層厚度衛生紙擦在屁股上很舒服沒錯，但還沒有人會無聊到拿自己的工作開玩笑，可是金髮老闆打死不相信，一怒之下還砍了助理的工時，變相扣薪水。

在她待產期間，我很快就和診所助理打成一片，也盡力討好每一個病患，讓金髮老闆對我的表現讚譽有佳。可當她生完小孩回來後，卻告訴我即便對我的試用期表現很滿意，卻不能繼續支付我的薪水，如果我想要留下來，必須接受降薪以及砍工作時數。

那一刻我才明白，我徹徹底底被耍了。

金髮老闆從一開始就沒打算要留我，她根本只想找個能替她照顧病患的臨時工，並沒有打算要請另一位醫生加入團隊，只是用長久職位當釣餌，好讓我不亂看她的病患，利用完後就一腳將我踢開。我只是個手腕和心機都不及老闆十分之一的菜鳥牙醫。

她的絕情讓我直接請辭，但到現在，我仍感謝金髮老闆，離開她之後，我才得以找到離家開車十五分鐘的工作，也遇到一個對員工禮遇、準時發薪、不亂發飆、不性騷擾、沒有被害妄想症的好老闆。就好比在年輕時總要傻傻的談幾場失敗的戀愛，才明白什麼是適合自己的感情。在被惡老闆欺負幾次之後，才能知道自己要或不要什麼，並更加珍惜得來不易的好老闆。

後記　聆聽差異，才能真正融入彼此

當牙醫相較其他科別醫生來說，是非常規律的一條路，大部分牙醫不外乎是學習、看診、賺錢，然後想辦法開自己的診所，好賺更多的錢。雖然在菜鳥牙醫時期遇到一個接一個恐怖老闆，感覺當時我的生命有如陀螺般，只能日復一日的旋轉、工作。現在回想起來，其實我很感謝那幾位恐怖老闆們，是他們讓我開了眼界，也能更明白自己想要的是什麼。

雖然當牙醫相對單純，但也有壓力大的時候，每當感覺喘不過氣時，我最好的調節方法就是去旅行。因為熱愛旅行，我開始寫旅遊文章，不小心出書成為旅遊作家。這完全不在我預期的人生計畫裡。而無意間寫下了小胖老闆的故事，點閱率居然比我辛苦花好幾個小時撰寫的旅遊文多上幾倍，後來更受邀在「換日線」專欄上撰寫職場心得和文化差異，這些文章得到一些讀者的迴響，遠超出我預期，讓我明白不一定每個人都喜歡旅行，但真實的故事和生活能得到很多人的共鳴。

一個大城市中的小牙醫，在美國工作的時間越久，接觸的文化族群越多，越感到自身的有限和不足，也越覺得應該謙卑。融入美國文化並不是把英語學好而已，而是要用心聆聽和學習文化中的差異。在面對異國文化與自身文化的衝擊時，不忘秉持開放的態度，並且不將這差異成為貶低或美化另一文化的理由。本書所分享的美國文化只是冰山一角，是我分別於紐約、舊金山和洛杉磯求學及工作的小小心得，希望能夠讓讀者對不同文化的體驗有更深刻的反思。

這本書獻給我最愛的上帝。信仰讓我在面對各式各樣的恐怖老闆時能處變不驚，並且在我人生的高山和低谷，成為生活中不可或缺的一股力量。更因為祂帶領我所走的道路從來就不是順遂平坦，卻也在我一再打破舒適圈的同時，讓我在人生的蜿蜒道路上看到更美的風景，也更加經歷祂的恩典。

當然也要感謝陪伴我的家人、朋友和粉絲，默默的支持、守候，更是不可或缺的力量。謝謝你們。

美國人的真正生活／Dr. Phoebe 著. -- 初版. – 臺北市 : 時報文化， 2018.7；面 ；14.8 ╳ 21 公分. --（VIEW：054）
ISBN 978-957-13-7462-8（平裝）

1.生活指導 2.美國

752 107009994

VIEW 054

美國人的真正生活

作者 Dr. Phoebe｜主編 陳信宏｜編輯 尹蘊雯｜執行企畫 曾俊凱｜美術設計 FE設計｜編輯顧問 李采洪｜董事長 趙政岷｜出版者 時報文化出版企業股份有限公司 108019 臺北市和平西路三段240 號 3 樓 發行專線—(02)2306-6842 讀者服務專線—0800-231-705・(02)2304-7103 讀者服務傳真—(02)2304-6858 郵撥—19344724 時報文化出版公司 信箱—10899臺北華江橋郵局第99信箱 時報悅讀網—www.readingtimes.com.tw 電子郵件信箱—newlife@readingtimes.com.tw 時報出版愛讀者—www.facebook.com/readingtimes.2｜法律顧問 理律法律事務所 陳長文律師、李念祖律師｜印刷 華展印刷有限公司｜初版一刷 2018 年 7 月20 日｜初版五刷 2023 年 2 月22 日｜定價新台幣 300 元｜※此書內頁之所有照片、圖片均僅為裝飾、美化版面，與文中所談論之議題或內容無關。

時報文化出版公司成立於一九七五年，一九九九年股票上櫃公開發行，二〇〇八年脫離中時集團非屬旺中，以「尊重智慧與創意的文化事業」為信念。